Facebook ADS

Lassen Sie Ihren ROAS explodieren! Der ultimative Leitfaden zur Steigerung Ihrer Anzeigenkonversion. 7 goldene Regeln für die Optimierung und Skalierung Ihrer Werbekampagnen

Simon Michel

Facebook ADS © Copyright 2022 - Simon Michel.

Alle Rechte sind dem Autor vorbehalten, daher darf kein Teil dieses Buches ohne die vorherige Zustimmung des Autors vervielfältigt werden.

Kein Teil dieses Dokuments darf in irgendeiner Form reproduziert, vervielfältigt oder übertragen werden, weder digital noch in Papierform. Die Verbreitung dieser Veröffentlichung ist strengstens untersagt, und jede Verwendung dieses Dokuments ist nur mit vorheriger schriftlicher Zustimmung des Herausgebers gestattet. Alle Rechte vorbehalten.

Die Richtigkeit und Vollständigkeit der hierin enthaltenen Informationen wird garantiert, aber keine Haftung jeglicher Art wird übernommen. Es liegt in der Tat in der alleinigen und absoluten Verantwortung des Empfängers/Lesers, die Informationen durch Unachtsamkeit falsch zu interpretieren oder die in diesem Buch enthaltenen Richtlinien, Verfahren oder Anweisungen zu verwenden oder zu missbrauchen. Unter keinen Umständen kann der Herausgeber für Schäden oder finanzielle Verluste, die direkt oder indirekt auf die in diesem Buch enthaltenen Informationen zurückzuführen sind, belangt oder verantwortlich gemacht werden.
Die Rechte liegen bei den jeweiligen Autoren und nicht beim Verlag.

Rechtlicher Hinweis:
Dieses Buch ist urheberrechtlich geschützt. Sie ist nur für den persönlichen Gebrauch bestimmt. Kein Teil des Inhalts dieses Buches darf ohne die ausdrückliche Zustimmung des Autors oder des Inhabers des Urheberrechts verändert, verbreitet, verkauft, verwendet, zitiert oder paraphrasiert werden.
Jeder Verstoß gegen diese Bedingungen wird gemäß den gesetzlichen Bestimmungen geahndet.

Haftungsausschluss:
Bitte beachten Sie, dass der Inhalt dieses Buches nur zu Bildungs- und Unterhaltungszwecken dient. Es wurden alle Maßnahmen ergriffen, um genaue, aktuelle und absolut zuverlässige Informationen zu liefern. Garantien jeglicher Art werden weder ausdrücklich noch stillschweigend gewährt. Die Leser nehmen zur Kenntnis, dass die

Meinung des Autors nicht als Ersatz für rechtliche, finanzielle, medizinische oder professionelle Beratung zu verstehen ist.

Zusammenfassung

EINFÜHRUNG 8

KAPITEL 1: ARTEN VON FACEBOOK-WERBEANZEIGEN 13
    1. VERLOBUNGSANKÜNDIGUNGEN AUF DER NACHSEITE. 13
    2. SEITE ALS ANZEIGEN. 14
    3. KLICKEN SIE AUF DIE ANZEIGEN AUF DER WEBSITE. 14
    4. WEBSITE-KONVERSIONEN. 15
    5. INSTALLATION VON APPS UND VERLOBUNGSANKÜNDIGUNGEN. 15
    6. ANKÜNDIGUNGEN ZUR REAKTION AUF EREIGNISSE. 16
    7. VORSCHLAGEN VON BEKANNTMACHUNGEN ÜBER MISSSTÄNDE. 16
    8. VIDEOAUFRUFE. 17
    9. LOKALE BEKANNTMACHUNGEN. 17
    10. DAS KARUSSELLFORMAT. 18
    11. DYNAMISCHE PRODUKTANKÜNDIGUNGEN. 18
    12. DIASHOW-ANKÜNDIGUNGEN. 19
    13. LEAD ADS. 19
    14. ANZEIGEN AUF LEINWAND. 20
    NUTZEN SIE DIE VORTEILE DER VERSCHIEDENEN ARTEN VON FACEBOOK-ANZEIGEN. 20

KAPITEL 2: WIE FACEBOOK-WERBEANZEIGEN FUNKTIONIEREN 21
    FUNKTIONIEREN FACEBOOK-ANZEIGEN? 21
    STRATEGIEN FÜR FACEBOOK-WERBEKAMPAGNEN ZUR STEIGERUNG DES ROI 23
    RICHTIG FOLGEN. 23
    ERSTELLEN SIE ANZEIGEN ENTSPRECHEND IHREN ZIELEN. 24
    EIN SPEZIFISCHES UND GENAUES ZIELPUBLIKUM ANSPRECHEN. ...24
    KREATIV SEIN. 25
    SEIEN SIE BEI DER ÜBERWACHUNG KONSTANT. 25

KAPITEL 3: PROFITABLE KAMPAGNENERSTELLUNG .. 26

Wie Sie Ihre Facebook-Werbekampagne einrichten 26
Schritt 1 Definieren Sie Ihr Ziel! 27
Schritt # 2 Wählen Sie Ihr Ziel 30
Schritt 3: Auswahl des Publikums 31
Schritt 4: Festlegen des Budgets 32
Schritt # 5 Erstellen Sie Ihre Anzeige 33
Schritt # 6 Anzeigenplatzierung wählen 34
Schritt # 7 Bestellung abschicken 34

KAPITEL 4: OPTIMIERUNG UND SKALIERUNG VON KAMPAGNEN: DIE 7 REGELN 38

#1: Die Ausgaben für Facebook-Werbung steigen alle 4-7 Tage.. 38
#Nr. 2: Erhöhte Ausgaben für die profitabelsten Facebook-Zielgruppensegmente 39
#Nr. 3: Reproduzieren Sie erfolgreiche Facebook-Anzeigen, aber mit anderen Zielgruppensegmenten. 41
4: Automatische Platzierung von Facebook-Werbeausgaben mit Optimierung des Kampagnenbudgets 43
Nr. 5: Nutzen Sie die automatischen Regeln von Facebook, um das Risiko von Mehrausgaben zu mindern .. 45
Nr. 6: Mehrere Angebote innerhalb einer Facebook-Kampagne rotieren lassen 48
Nr. 7: Die Zielgruppe der Facebook-Kampagne mit neuen Produktangeboten erneut ansprechen 49

KAPITEL 5: STRATEGIE ZUR EXPLOSION IHRES ROAS 51

Was ist ROAS? 52
7 Tipps für eine fehlerfreie Facebook-Werbe-Kreativität 54
1 - Teilen Sie Ihre Kreativität 54
2 - Verbinden Sie Ihre Anzeigen mit Ihrer Landing Page 55
3 - Probieren Sie verschiedene Anzeigenplatzierungen aus 56
4 - Sozialen Beweis erbringen 57
5 - Optimieren Sie Ihre CTAs 58
6 - Wählen Sie großartige Bilder 59
7 - Video hinzufügen 60

KAPITEL 6: KREATIVITÄT, COPYWRITING UND BUYER PERSONA 61

Was ist das kreative Zentrum von Facebook? 61
Facebook-Kreativtipp Nr. 1: Lassen Sie sich von großen Marken inspirieren 62
Facebook-Kreativ-Tipp Nr. 2: Verwalten Sie Ihre Mockups 63
Facebook-Kreativ-Tipp Nr. 3: Stellen Sie sicher, dass Ihre illustrierten Anzeigen genehmigt sind 64
Facebook-Kreativitäts-Tipp 4: Neue Anzeigenformate erforschen 65
Facebook-Kreativitäts-Tipp Nr. 5: Entfesseln Sie die Macht von Instagram 65
Facebook-Kreativ-Tipp Nr. 6: Verfeinern Sie Ihre Strategie für mobile Werbung 66
Facebook-Kreativitäts-Tipp Nr. 7: Teilen Sie Ideen mit Ihrem Team (oder Kunden) 66
Facebook-Kreativitäts-Tipp Nr. 8: Anzeigenvorschau in ihrem natürlichen Lebensraum 67
Facebook-Kreativitäts-Tipp Nr. 9: Einfaches Verwalten, Bearbeiten und Exportieren von Anzeigen 68
Exportieren einer Anzeige aus Facebook Creative Hub (in 5 einfachen Schritten) 68
Erstellen einer Anzeige mit Copywriting-Techniken 69
  # Nr. 1 Konzentrieren Sie sich auf einen Aufruf zum Handeln .. 70
  # 2 Probiere verschiedene Versionen deines Facebook-Werbetextes aus 70
  #3 Facebook-Werbetexte einfach halten 71
  # 4 Kenne dein Publikum 72
  # 5 Wichtige Informationen an den Anfang stellen 73
  # 6 Halten Sie Ihre Facebook-Werbetexte organisiert 74
  # Nr. 7 Passend zu Ihrer Markenidentität 75
  # 7 Schaffen Sie Dringlichkeit mit Ihrer Kopie von Facebook ... 76
Wie man die Buyer Persona studiert, um den Zielkunden direkt anzusprechen 78
  Was ist eine Käuferperson? 78
  Warum Unternehmen Buyer Personas verwenden sollten 79

Kundenorientiertes Marketing *80*
Ihre profitabelsten Kunden ansprechen *81*
Andere Verwendungen für Buyer Personas *82*
Erstellung von Buyer Personas *83*
Die Motivation der Käufer verstehen *84*
Einige der Käufermotivationen, die Sie untersuchen können, sind: *84*
Demografische Daten und andere persönliche Merkmale *85*
Verwaltung Ihrer Buyer Personas *86*
Wie viele Buyer Personas brauchen Sie? *87*

SCHLUSSFOLGERUNGEN **88**

1. FACEBOOK-WERBUNG IST WIRKSAM 88
2. FACEBOOK BIETET ERWEITERTE TARGETING-TOOLS 88
3. FACEBOOK-WERBUNG IST BILLIG 89
4. FACEBOOK-NUTZER SIND BETEILIGT 89
5. FACEBOOK BIETET KOSTENLOSE ANALYSEN 89
6. FACEBOOK BIETET WIRKSAME REMARKETING-TOOLS 90
7. FACEBOOK BIETET MAßGESCHNEIDERTE AUFRUFE ZUM HANDELN 91

Einführung

Facebook-Anzeigen entstanden aus dem Bedürfnis heraus, eine hervorragende Methode zu finden, um die kommerziellen Aspekte von Unternehmen (und Einzelunternehmern) exponentiell zu steigern und zu verbessern. Durch die Nutzung des gigantischen Nutzernetzwerks dieses sozialen Netzwerks haben wir die Möglichkeit, jeden Gipfel des Erfolgs zu erreichen: Deshalb ist Werbung auf Facebook ein Muss.

Facebook ist bei weitem der beliebteste Ort für Social Media Marketing, insbesondere für lokale Werbetreibende, und wird mittlerweile von über 62 % der Nutzer verwendet.

Werfen wir einen kurzen Blick auf 10 Gründe, warum es wichtig ist, auf Facebook zu werben.

1. Facebook-Anzeigen sind praktisch.
Werbung kann so viel kosten, wie Sie wollen. Sie können das Budget von Anfang an festlegen, und Facebook stellt die Schaltung Ihrer Anzeige ein, wenn Sie diesen Betrag erreichen. Je höher Ihr Budget, desto mehr Nutzer werden Sie erreichen.

2. Facebook-Werbeanzeigen funktionieren.
Eine Umfrage von eMarketer ergab, dass 96 % der Social-Media-Vermarkter Facebook als die beste Social-Media-Plattform für den ROI ansehen. Dies gilt sowohl für B2C- als auch für B2B-Unternehmen.

3. Ihr Publikum ist auf Facebook.

Mehr als 2 Milliarden Nutzer haben ein Konto und 1,55 Milliarden greifen jeden Monat auf die Plattform zu und verbringen durchschnittlich 40 Minuten pro Tag auf der Plattform.

4. Bestimmte Benutzer können als Ziel ausgewählt werden.
Facebook verfügt über eine Vielzahl von Informationen über seine Nutzer. Das können Sie sich zunutze machen, indem Sie nur die Personen ansprechen, die am ehesten zu Ihren Kunden werden.
Auf der Plattform können Sie Kriterien wie Alter, Geschlecht, Position, Berufsbezeichnung, Branche, Familienstand und Interessen angeben. Sie haben auch die Möglichkeit, nach Verbindungen (z. B. Freunde von Nutzern, denen Ihre Seite bereits gefällt) und Verhalten zu filtern, einschließlich der letzten Einkäufe und Lebensereignisse.

5. Facebook bietet Retargeting an.
Eine weitere Möglichkeit, die richtigen Nutzer zu erreichen, ist das Retargeting. So können Sie gezielt Nutzer ansprechen, die bereits Ihre Website besucht, Ihre mobile App genutzt oder Ihnen ihre E-Mail-Adresse mitgeteilt haben. Da sie bereits mit Ihrem Unternehmen vertraut sind, ist die Wahrscheinlichkeit größer, dass sie Premium-Inhalte herunterladen, eine kostenlose Testversion starten oder einen Kauf tätigen.

6. Anzeigen sind leicht einzurichten.
Facebook vereinfacht die Erstellung einer Anzeige, indem es Sie durch die Schritte führt, in denen Sie den Typ auswählen, Ihre Zielgruppe definieren, das Budget und den Zeitraum festlegen.

Das Verfahren ist zwar einfach, aber sehr anpassungsfähig. Sie können aus einer Vielzahl von Anzeigenformaten, Auslieferungs- und Gebotsoptionen wählen.

7. Facebook liefert nützliche Analysen.
Mit Werbung auf Facebook können Sie die Nutzer jederzeit erreichen. Dies ist keine Einschränkung, sondern kann eine Chance sein. Auch wenn Ihre Anzeigen vielleicht nicht zum Verkauf führen, können sie doch nützlich sein, um die Markenbekanntheit zu steigern und Leads für das Wachstum zu akquirieren.

Dies kann die Messung des Erfolgs Ihrer Anzeigen erschweren. Facebook vereinfacht jedoch den Prozess, indem es Ihnen Einblicke in Ihre Ziele gewährt. Viele davon beziehen sich auf den sozialen ROI oder darauf, wie die Nutzer auf Ihre Anzeigen reagiert haben.

So erhalten Sie zum Beispiel neben Daten zu Impressionen, Reichweite und Häufigkeit auch Informationen zu Likes, Shares, Kommentaren und Klickraten. All diese Daten werden in Echtzeit erfasst, so dass Sie Ihre Anzeigen bei Bedarf ändern können.

8. Eine benutzerdefinierte Schaltfläche kann hinzugefügt werden.
Die meisten digitalen Anzeigen haben eine CTA-Schaltfläche, die zu einer Landing Page auf der Website des Unternehmens führt. Dies kann sinnvoll sein, wenn Nutzer mehr Informationen benötigen, bevor sie eine Entscheidung treffen. Dies führt jedoch dazu, dass nur ein Teil der Nutzer Ihnen tatsächlich ihre Kontaktinformationen zur Verfügung stellt.

Mit Facebook-Anzeigen können Sie Nutzer auf Ihre Website leiten, aber Sie haben auch andere Möglichkeiten. CTA-Schaltflächen enthalten: **Jetzt bewerben, jetzt buchen, Kontakt aufnehmen, herunterladen, abonnieren und weitere Informationen.**

9. Facebook bietet Videoanzeigen an.
Du hast wahrscheinlich bemerkt, dass die meisten Beiträge in deinem Facebook-Newsfeed Videos sind. Das liegt daran, dass die meisten Nutzer lieber Videos ansehen als Inhalte zu lesen. Facebook ermöglicht es Ihnen, Videoanzeigen zu erstellen, um mehr Aufmerksamkeit zu erregen.

10. Werbeanzeigen unterstützen Ihre organische Strategie.
Das Bezahlen für Reichweite kann Ihre organische Strategie ergänzen, insbesondere wenn Sie für die Erhöhung der Beiträge bezahlen. Dies ist am effektivsten, wenn Sie sich genau überlegen, welche Beiträge Sie in Anzeigen umwandeln wollen.
Anzeigen bieten Ihnen beispielsweise eine ideale Möglichkeit, bestimmte Nutzer anzusprechen, für die ein bestimmter Beitrag besonders relevant ist. Ein gewisser Prozentsatz dieser Nutzer wird den Beitrag wahrscheinlich teilen, was bedeutet, dass Ihr Inhalt für mehr Nutzer sichtbar wird, ohne dass Sie für die Verbreitung bezahlen müssen.

Eine weitere Möglichkeit, Anzeigen zu schalten, besteht darin, Personen anzusprechen, die davon profitieren würden, Ihrer Seite zu folgen. Dazu sollten Sie Ihre Beiträge mit der besten Performance bewerben. Natürlich sollte das Ziel einer Werbestrategie niemals nur darin bestehen, mehr Likes für Ihre Seite zu bekommen.

Wenn Sie jedoch relevante demografische Zielgruppen ansprechen, werden Sie "Likes" von Nutzern erhalten, die weiterhin mit Ihren Beiträgen interagieren werden. Sobald diese Nutzer Ihre Seite geliked haben, werden sie all diese Inhalte organisch finden.

Eine letzte Möglichkeit ist die Förderung einer Veranstaltung. Durch die Erhöhung der Sichtbarkeit eines Ereignisses mithilfe einer Facebook-Werbeanzeige wird es in den Newsfeeds der Nutzer angezeigt. Wenn sie sich zur Teilnahme entschließen, wird Ihre Veranstaltung organisch bei ihren Freunden erscheinen.

Facebook-Werbung ist ein wichtiger Weg, um Ihre Reichweite auf der sozialen Plattform zu erhöhen. Darüber hinaus spielen Facebook-Anzeigen eine Rolle in Ihrem gesamten digitalen Marketing, indem sie Ihre Markenbekanntheit erhöhen, Leads anziehen und manchmal sogar Nutzer in Kunden verwandeln. In diesem Buch werden wir das Thema mit Feingefühl und Präzision behandeln, um eventuelle Zweifel des Lesers zu erkennen und auszuräumen. Die Kenntnis von Facebook-Anzeigen ist ein wirklich unglaubliches Werkzeug für die Umsetzung aktueller und zukünftiger Marketingstrategien. Ich wünsche Ihnen eine gute Lektüre!

Kapitel 1: Arten von Facebook-Werbeanzeigen

Facebook hat 14 Arten von Anzeigen, die Sie kennen sollten. Sie können Ihnen helfen, mehr Likes zu erhalten, die Anzahl der Follower zu erhöhen und sogar Besucher auf der Plattform zu konvertieren.

Auf einer unglaublich großen Plattform wie Facebook ist das Herausstechen der Schlüssel zum Erfolg im Marketing. Und warum sollte das nicht so sein? Ihr Unternehmen ist so einzigartig wie Sie und der Rest Ihres Teams. Um Ihre Anzeigen von der Konkurrenz abzuheben, müssen Sie zielgerichtet und personalisiert vorgehen.

Glücklicherweise hat das Facebook-Marketingteam 14 verschiedene Arten von Facebook-Anzeigen entwickelt, die Ihnen bei Ihrer Strategie helfen. Werfen Sie einen Blick darauf und beginnen Sie jetzt mit der Erstellung effektiverer Anzeigen:

1. Verlobungsankündigungen auf der Nachseite.

Sie haben also großartige Inhalte - Sie haben nur keine Möglichkeit, sie zu präsentieren. Hier kommen die verschiedenen Arten von Facebook-Anzeigen ins Spiel. Wenn Sie für Anzeigenplätze bezahlen, um Ihre neuesten Beiträge auf Ihrer Unternehmensseite zu zeigen, können Sie Ihre Zielgruppe nach Alter, Interesse, Geschlecht und Standort auswählen.

Das bedeutet, dass Sie genau die Menschen erreichen, mit denen Sie zum richtigen Zeitpunkt in Kontakt treten wollen. Mehr Engagement, mehr Sichtbarkeit, mehr Wachstum für Ihr Unternehmen.

2. Seite als Anzeigen.

Wenn Sie noch nicht über eine große Follower-Basis für Ihre Unternehmensseite verfügen, werden Sie mit Post-Engagement-Anzeigen nicht viel erreichen. Was Ihr Unternehmen braucht, ist ein größerer und breiterer Kundenstamm. Eine Page Like Ad ist das perfekte Instrument für Ihr Unternehmen. Mithilfe der Targeting-Tools von Facebook können diese verschiedenen Arten von Facebook-Werbeanzeigen ein breiteres Publikum ansprechen, das ein größeres Interesse an Ihrem Angebot hat.

3. Klicken Sie auf die Anzeigen auf der Website.

Ihre Präsenz in den sozialen Medien ist nicht der einzige Faktor, der für den Erfolg Ihres Unternehmens ausschlaggebend ist. Ihre externe Website ist wahrscheinlich das Herzstück Ihrer Online-Aktivitäten. Aus diesem Grund ist die Facebook-Werbeanzeige ein so wichtiger Bestandteil Ihres Marketing-Toolkits. Durch die Präsentation Ihrer Anzeige, eines auffälligen Bildes oder Videos und eines schönen CTA-Buttons, wenn Sie dies wünschen, leiten Sie die weltweit größte Sammlung von sozialem Einfluss direkt auf Ihre Website.

4. Website-Konversionen.

Facebook Page Insights ist eines der besten Tools, die für eine Social-Media-Marketingkampagne zur Verfügung stehen. Die Facebook-Website-Conversion-Anzeige nutzt dieselbe fantastische Technologie, um mehr darüber zu erfahren, wie Ihre Kampagne die Auswahl der Nutzer auf Ihrer Website beeinflusst. Erstellen Sie einfach Ihre Anzeige und generieren Sie dann ein Pixel, ein spezielles Codestück, das Facebook verwendet, um bestimmte Aktionen für Sie zu verfolgen.

Wenn Sie oder Ihr Webentwickler diesen Code zu einer Registrierungsseite, einer Zahlungsseite oder einer überwachungswürdigen Seite hinzufügen, wird Facebook diese Aktionen entsprechend verfolgen. Auf diese Weise können Sie genau nachvollziehen, welche Aktionen Ihre Anzeigen bei Ihrem Publikum auslösen.

5. Installation von Apps und Engagement-Anzeigen.

In den letzten Jahren ist Facebook viel mehr als nur eine Social-Media-Seite geworden. Tatsächlich ist sie für viele andere Anwendungen und Unternehmen der Schlüssel zum Erfolg geworden. So geht's: Wenn Sie eine Anzeige für Ihre App auf Facebook veröffentlichen, können Sie diejenigen, die darauf klicken, direkt auf eine Installations- oder Registrierungsseite leiten.

Sie können auch die Aktionen überwachen, die durch diese Anzeigen ausgelöst werden, so dass Sie Ihre App noch besser auf Ihr Publikum abstimmen können. Wenn Sie diese Anzeigentypen mit den unverzichtbaren demografischen Targeting-Tools von Facebook kombinieren, werden Sie im Handumdrehen eine große Nutzerbasis haben.

6. Ankündigungen zur Reaktion auf Ereignisse.

Steht bei Ihnen eine Party oder eine große Eröffnung an? Dann ist dies eine Ankündigung, auf die Sie nicht verzichten können. Wenn Sie Ihre Veranstaltung über Facebook ankündigen, kann Ihr Publikum sie sofort in seinen Kalender eintragen. Darüber hinaus zeigen Ihnen die Insights, wie gut Ihre Veranstaltung das Zielpublikum erreicht hat und wie viel von diesem Publikum positiv reagiert hat.
Geben Sie Ihren Partys ein neues Gesicht und bringen Sie mehr Leute zu Ihrer nächsten Veranstaltung!

7. Schlagen Sie Beschwerdeankündigungen vor.

Wenn Sie auf Facebook für ein Angebot werben, locken Sie mehr Besucher in Ihr Geschäft, indem Sie einen kleinen Rabatt oder einen Gratisartikel anbieten, während Ihre Kunden die gleichen großartigen Produkte wie Sie zu einem günstigeren Preis erhalten.
Dies ist zwar eine großartige Möglichkeit, um mit Ihrem bestehenden Kundenstamm in Kontakt zu treten, aber warum sollten Sie nicht die gleichen Möglichkeiten auch einem ganz neuen Publikum bieten? Man sagt immer, dass der erste Eindruck derjenige ist, der zählt. Wenn Sie Ihren neuen Kunden einen Grund geben, Ihr Unternehmen besser kennenzulernen und auszuprobieren, gibt es nichts Besseres, um sie zu gewinnen und zu binden.

8. Videoaufrufe.

Ein dynamisches und einzigartiges Video ist eine der besten Möglichkeiten, um neue Likes und Engagement auf Ihrer Seite zu gewinnen. Wählen Sie einfach das Ziel "Videoansichten" im Menü "Anzeigenerstellung" von Facebook und laden Sie es dann hoch. Nachdem das Facebook-Team den Inhalt geprüft hat, ist er bereit für die Verbreitung und erhöht Ihre Sichtbarkeit.

9. Lokale Bekanntmachungen.

Bringen Sie mit den lokalen Facebook-Werbeanzeigen so viele Einheimische wie nie zuvor an Ihre Tür. Es ist davon auszugehen, dass Ihr Unternehmen sowohl auf physisches als auch auf digitales Engagement angewiesen ist. Warum überlässt man Facebook nicht beides?
Wenn Sie Ihr Unternehmen in einer lokalen Bekanntheitsanzeige präsentieren, vergrößern Sie Ihren Kundenstamm, indem Sie Ihre Adresse und sogar eine Wegbeschreibung zu Ihrem Geschäft angeben. Anzeigen im Radio, in Zeitungen oder Gelben Seiten sind großartig, aber sie sind einfach nicht so unmittelbar und zugänglich wie eine Facebook-Anzeige.
Nehmen Sie also das Rätselraten aus Ihrer Marketingkampagne und holen Sie mit diesem fantastischen Werbestil das Beste aus dem digitalen und physischen Engagement heraus.

10. Das Karussellformat.

Wenn Sie viel zu sagen haben, versuchen Sie es mit einer Karussellanzeige! Sie können eine ganze Gruppe von Produkten auf der gleichen Fläche ausstellen, wie Sie es mit einem einzigen Produkt tun würden, und das zum gleichen Preis. Ganz gleich, ob Sie ein einzelnes Produkt auf verschiedene Arten hervorheben, eine Geschichte erzählen oder Produkteigenschaften erläutern, mit Facebook-Karussellanzeigen können Sie Ihre Werbefläche optimal nutzen.

11. Dynamische Produktankündigungen.

Warum sollten Sie Zeit und Energie darauf verschwenden, für jedes Ihrer Produkte Tausende von verschiedenen Anzeigen zu erstellen, wenn Sie doch versuchen, dieselbe Zielgruppe zu erreichen? Facebook hat es Ihnen viel einfacher gemacht, Ihre Produktvielfalt zu zeigen. Laden Sie einfach Ihren Produktkatalog zusammen mit allen Informationen und Bildern in den Facebook Business Manager hoch.
Je nachdem, was Ihre Kunden zuvor getan haben, können Sie dann bestimmte Produkte anzeigen, für die sie sich zu Beginn interessiert haben. Sie erhalten wertvolle Einblicke in Ihren Markt, während Sie gleichzeitig großartige Inhalte bereitstellen, die für Ihre Kunden relevant sind!

12. Diashow-Anzeigen.

Wenn Sie eine tolle Geschichte haben, aber nur ein begrenztes Budget, um sie zu erzählen, sollten Sie die Diashow-Anzeigen von Facebook nutzen. Mit diesen verschiedenen Anzeigentypen können Sie die gleichen großartigen Eigenschaften von Videoanzeigen zu einem Bruchteil der Kosten nutzen.

Außerdem können Ihre Kunden Ihre Präsentation auch dann sehen, wenn sie über eine schwache Verbindung verfügen! Auf diese Weise sind Ihre Inhalte auf Knopfdruck oder per Mausklick verfügbar, unabhängig davon, wo sich Ihr Publikum befindet.

13. Lead Ads.

Kontaktformulare sind ein wichtiger Bestandteil Ihres Unternehmens. Von Serviceangeboten bis hin zu maßgeschneiderten Broschüren, Angeboten, Opt-Ins für E-Mail-Marketing-Kampagnen oder Newsletter und vielem mehr - Sie möchten, dass eine solch wichtige Verbindung einfach herzustellen ist. Facebook Core Ads sind eine großartige Möglichkeit, um sicherzustellen, dass Ihre Kunden leicht mit Ihnen in Verbindung treten können, was dem Ganzen zugute kommt.

Mit einer Vielzahl von Anpassungsmöglichkeiten erhalten Sie genau die Informationen, die Sie benötigen.

14. Anzeigen auf Leinwand.

Das ultimative Tool für mobiles Marketing auf Facebook, die Canvas-Werbefläche, präsentiert Ihr Unternehmen auf eine völlig neue, einzigartige und dynamische Weise. Mit diesen fantastischen Anzeigen können Ihre Kunden eine Fülle von Inhalten im Karussellformat genießen, ein natürliches Panorama mit Neigungsfunktionen anzeigen und mit zoombaren, hochauflösenden Produktansichten ganz nah herankommen.
Sie werden in der Lage sein, Ihre Markengeschichte auf eine ganz neue Weise zu erzählen.

Nutzen Sie die Vorteile der verschiedenen Arten von Facebook-Anzeigen.

Wählen Sie die Anzeigentypen, die für Ihr Unternehmen am besten geeignet sind. Wenn Sie zum Beispiel ein B2B-Unternehmen sind, sollten Sie sich mit Lead-Anzeigen befassen. Ihre Kunden haben wahrscheinlich einen längeren Kaufzyklus als die Kunden eines B2C-Unternehmens. Daher benötigen Sie Formulare, um ihre Kontaktdaten zu erfassen, damit Sie sie später betreuen können.
Wenn Sie ein B2C-Unternehmen sind, empfehlen wir eine der sich am schnellsten verkaufenden Arten von Facebook-Werbeanzeigen, wie z. B. dynamische Produktanzeigen.

Kapitel 2: Wie Facebook-Werbeanzeigen funktionieren

Seit seiner Gründung vor über einem Jahrzehnt hat sich Facebook von einer Online-Neuheit für Studenten der Ivy League zu einem globalen Kraftwerk entwickelt, das das tägliche Leben fast aller Menschen im Land beeinflusst. Der Treibstoff für dieses beispiellose Wachstum war die Werbung. Das soziale Netzwerk erwirtschaftete 2016 fast 27 Milliarden US-Dollar an Werbeeinnahmen, während es 2009 nur 764 Millionen US-Dollar waren - ein Anstieg von über 3.400 % in weniger als einem Jahrzehnt.

Es gibt viele Unternehmen, die Facebook für Werbung nutzen.

Abgesehen von der Popularität: **Wie effektiv ist Facebook-Werbung wirklich?** Wie viel zählt jeder Marketing-Dollar? Diese Frage ist entscheidend. Die endgültige Rendite jedes Unternehmens hängt von der Investition, der Branche, der Anzeigenqualität und anderen Variablen ab. Der einzige sichere Weg, um den genauen ROI zu erfahren, den Facebook-Werbung für Ihr Unternehmen generiert, besteht darin, sie zu testen und anhand der Ergebnisse zu berechnen.

Funktionieren Facebook-Anzeigen?

Wenn Sie sicherstellen möchten, dass sich Ihre Marketing-Investitionen in Facebook-Anzeigen auszahlen, sollten Sie sich in erster Linie an den Zahlen orientieren. Wir haben hier einige Statistiken zusammengestellt, um die Wirksamkeit von Facebook als Werbekanal zu verdeutlichen:
- 22 % der Weltbevölkerung sind aktive Facebook-Nutzer, darunter 68 % der Erwachsenen in den Vereinigten Staaten.

- 76 % der Nutzer suchen auf Facebook nach interessanten Inhalten und der Konsum von Inhalten ist seit 2014 um 57 % gestiegen.

- 66 % der Nutzer sozialer Medien melden sich an, um sich über neue Produkte und Dienstleistungen zu informieren.

- Bei Kunden, denen ein Unternehmen auf Facebook gefällt, ist die Wahrscheinlichkeit, dass sie einen neuen Kauf tätigen, um 79 % höher als bei Nicht-Fans.

- Eine Studie aus dem Jahr 2015 ergab, dass sich 52 % der Verbraucher beim Online- und Offline-Einkauf von Facebook beeinflussen lassen, Tendenz steigend.

- Mit der Funktion "Hyper-Targeting Customized Audience" von Facebook können Sie so spezifisch werben, dass die Kosten für die Gewinnung neuer Kunden um bis zu 73 Prozent gesunken sind.

- In Amerika beispielsweise liegen die durchschnittlichen Kosten pro tausend Impressionen (CPM) für Facebook-Werbung bei 7,29 Dollar im Vergleich zu 35 Dollar für TV-Werbung, wenn es um den Aufbau von Aufmerksamkeit geht.

- Facebook ist auch im B2B-Bereich nützlich: 73 % der Menschen geben an, Facebook für berufliche Zwecke zu nutzen.

Alles in allem scheint klar zu sein, dass Facebook ein großes Potenzial hat, wenn es darum geht, einen nennenswerten Gewinn aus den Marketinginvestitionen eines Unternehmens zu erzielen.

Strategien für Facebook-Werbekampagnen zur Steigerung des ROI

Nachdem wir nun gezeigt haben, dass Facebook durchaus einen positiven ROI liefern *kann*, bleibt noch ein kleines Problem bei der Planung und Durchführung einer effektiven Kampagne. Auch wenn Sie sich bei der Nutzung von Facebook wohl fühlen, ist die Erstellung von Werbekampagnen eine ganz andere Sache. Die meisten Unternehmen geraten in Schwierigkeiten, weil sie die Plattform und das System unterschätzen und daher zu viel Geld ausgeben, um Ergebnisse zu erzielen. Facebook-Anzeigen sind in der Tat die anspruchsvollste Werbeplattform, die es derzeit gibt. Nur weil sie zugänglich ist, heißt das noch lange nicht, dass sie auch richtig genutzt werden kann.
Wo sollten Sie also anfangen? Hier erfahren Sie, was Sie wissen müssen, um loszulegen.

Richtig folgen.

Am wichtigsten ist es, mit Ihrem Facebook-Pixel zu beginnen. Wenn Sie dieses Code-Snippet auf Ihrer Website installieren, können Sie die Besucher Ihrer Website auf der Grundlage ihres Engagements für Ihre Marke gezielt ansprechen. Wenn Sie zum Beispiel jemanden ansprechen möchten, der Ihre Preisseite oder Ihre Galerie besucht oder sogar ein Kontaktformular auf Ihrer Website ausgefüllt hat, können Sie dies tun. Aber Vorsicht: Auch wenn es sich einfach anhört, ist die korrekte Installation von Facebook Pixel unerlässlich.

Erstellen Sie Anzeigen auf der Grundlage Ihrer Ziele.

Die Werbeplattform von Facebook ermöglicht es Ihnen, Anzeigen auf der Grundlage einer Reihe spezifischer Ziele zu erstellen, die jeweils in Phasen eines grundlegenden Marketingkanals eingeteilt sind: Aufmerksamkeit, Überlegung und Konversion. Wenn Sie wissen, was Ihre Priorität ist, können Sie nicht nur Ihre Anzeigen mit der bestmöglichen Wirkung erstellen, sondern auch Ihren ROI genau einschätzen.

Ein spezifisches und genaues Zielpublikum ansprechen.

Facebook ermöglicht es Ihnen, Verbraucher mit bemerkenswerter Präzision anzusprechen, indem Sie maßgeschneiderte Zielgruppensegmente erstellen, die durch Metriken wie Alter, Geschlecht, Standort, Interessen, Beruf, Einkommen und viele andere definiert sind. Zusätzlich zu diesen Metriken kann Ihr Unternehmen auf der Grundlage von Verhaltensweisen zielgerichtet vorgehen. Boutique-Hotels können gezielt Menschen ansprechen, die in ihrem Gebiet reisen und in den letzten 30 Tagen Reise-Apps genutzt haben. Und E-Commerce-Unternehmen können durchaus auf der Grundlage des bisherigen Kaufverhaltens gezielt Verbraucher ansprechen, die aufgrund ihres tatsächlichen Verhaltens in der Vergangenheit wahrscheinlich Hautpflegeprodukte kaufen werden. Unabhängig davon, was Sie bewerben oder verkaufen, können Sie ein oder mehrere maßgeschneiderte Zielgruppensegmente erstellen, die Ihre Anzeigen direkt an die gewünschten Personen weiterleiten.

Kreativ sein.

Facebook-Nutzer werden rund um die Uhr mit Werbung bombardiert, und das nicht nur in den sozialen Medien. Es ist wichtig, sich daran zu erinnern, dass die Menschen nicht dort sind, um zu kaufen: Sie sind dort, um sich die Zeit zu vertreiben. Um sich von der Masse abzuheben, müssen Sie großartige Inhalte anbieten, die Ihr Publikum wirklich ansprechen. Das bedeutet, dass eindrucksvolle Bilder und fesselnde Videoinhalte unerlässlich sind.

Beobachten Sie ständig.

Facebook-Werbung ist keine Taktik, bei der man sie einfach einstellt und vergisst. Es ist wichtig, dass Sie Ihre Fortschritte ständig überwachen und überprüfen. Ihre Kampagne muss optimiert werden, was bedeutet, dass die Ergebnisse zu Beginn in der Regel teurer sind. Aber zu wissen, wie man seine Kampagne verwaltet, um den CPM zu senken (und einige der wichtigsten Hacks dafür), ist der Unterschied zwischen der Verschwendung von Tausenden oder einer erfolgreichen Facebook-Werbekampagne mit einem hervorragenden ROI.
Die Möglichkeiten sind endlos, von einfachen Anzeigen zur Lead-Generierung bis hin zu umfassenden mehrstufigen Anzeigenkanälen für Lead-Wachstum und Konversionen. Das Wichtigste ist, so früh wie möglich damit zu beginnen und bereit zu sein, Facebook-Werbung als die leistungsstarke Plattform zu betrachten, die sie für Ihr Unternehmen ist, und sie zu einem festen Bestandteil Ihres Marketingplans zu machen.

Kapitel 3: Profitable Kampagnenerstellung

Was sind Facebook-Werbeanzeigen?

Wir haben bereits alle Facebook-Anzeigen gesehen. Sie erscheinen im Newsfeed, sowohl auf dem Desktop als auch auf mobilen Geräten.
Die Anzeigen werden in der Regel durch das Wort "Gesponsert" in der linken oberen Ecke oder "Vorgestellt" in der rechten Spalte des Bildschirms gekennzeichnet.
Was diese Art des Online-Marketings so effektiv macht, ist die Tatsache, dass Facebook Ihre Zielgruppe entsprechend ihrem Social-Media-Profil ansprechen kann.

Alter, Stellung, Bildung, Interessen/Hobbys und sogar der sentimentale Status spielen eine Rolle: Es scheint selbstverständlich, aber Alleinstehende geben im Allgemeinen mehr Geld aus.
All diese wichtigen Informationen können Ihnen dabei helfen, Ihre Zielgruppe besser anzusprechen und zu verhindern, dass Sie Geld verschwenden, indem Sie versuchen, an ein Publikum zu verkaufen, das Ihre Dienstleistungen nicht wünscht oder sich nicht dafür interessiert.

Wie man eine Facebook-Werbekampagne einrichtet

Bezahlte Facebook-Werbung ist eine unmittelbare Möglichkeit, Ihre wertvollen Inhalte in den News-Feed Ihrer potenziellen Kunden zu bringen.
Also, fangen wir an!

Schritt 1: Definieren Sie Ihr Ziel!

Noch bevor Sie mit der Gestaltung Ihrer Anzeige beginnen, sollten Sie sich Gedanken darüber machen, was Sie mit Ihrer Anzeige erreichen wollen.
Sie wollen es:
- Erhöhen Sie den Verkehr auf Ihrer Website
- Verstärkte Teilnahme an Veranstaltungen
- Generierung neuer Kontakte
- Erhöhen Sie die Reichweite Ihrer Inhalte auf Facebook
- Erhöhen Sie das Engagement für Ihre Facebook-Seite

Wenn Sie sich für das Ziel Ihrer Facebook-Werbeanzeige entscheiden, erhalten Sie ein klareres Bild davon, was Sie erreichen möchten. Dies wird Ihnen auch dabei helfen, eine Variable zu finden, mit der Sie den Erfolg Ihrer Facebook-Werbekampagne messen können.

Online- und Offline-Geschäft: Wie können Facebook-Anzeigen helfen?
Es gibt viele verschiedene Marketingstrategien, die sowohl für Online- als auch für Offline-Unternehmen funktionieren. Es gibt jedoch nichts Besseres als den gezielten Traffic, den die Facebook-Werbeanzeigen bringen.
Der Aufbau einer Online-Präsenz, die Steigerung des Verkehrsaufkommens oder die Werbung für eine Veranstaltung (persönlich oder online) kann mit Facebook-Werbeanzeigen viel effektiver gestaltet werden.

Lassen Sie uns also die Vor- und Nachteile von Facebook-Anzeigen analysieren und herausfinden, wie Ihr Online- oder Offline-Geschäft davon profitieren kann:

- **Erhöhen Sie die Besucherzahlen auf Ihrer Website:** | Online und offline | Möchten Sie, dass Ihre Kunden die Speisekarte Ihres Restaurants einsehen? Wenn die Antwort JA lautet ... Diese Option eignet sich hervorragend für beides!

Vorteile:
Holen Sie sich den gewünschten Traffic und die gewünschte Zielgruppe auf Ihre Website.

Nachteile:
Stellen Sie sicher, dass Sie sie auf die richtige Seite (vorzugsweise eine Landing Page) schicken. Ihr Kunde könnte abgelenkt und unvorsichtig sein. Wenn sie nicht sehen, weswegen sie gekommen sind, werden sie gehen! ... Unverzüglich!

- **Steigern Sie die Teilnahme an Veranstaltungen:** | Online und offline | Funktioniert am besten bei Online-Veranstaltungen. Das Bewerben Ihrer Veranstaltung über FB kann eine Schlüsselrolle in Ihrem Verkaufstrichter spielen. Dies zeigt den Leuten, wie sie von Ihrer Veranstaltung erfahren und sich tatsächlich anmelden können. Erhöhen Sie die Aufmerksamkeit - bringen Sie sie dazu, sich zu registrieren - pflegen Sie die Beziehung zu Ihrem Lead - und bringen Sie ihn dann dazu, aktiv zu werden.

Vorteile:

Für diejenigen, die Einladungen benötigen. Facebook fügt Ihre Unternehmensankündigung direkt in den Newsfeed Ihrer potenziellen Kunden ein. Facebook macht es einfach, Ihr Publikum anzusprechen, wodurch Sie sofort Tausende von Menschen erreichen können, die an Ihrer Veranstaltung interessiert sein könnten.

Nachteile:
Bei einem physischen Ereignis ist es schwierig, seinen Vorteil zu kultivieren, um zu gewährleisten, dass er eintritt.

- **Generieren Sie neue Kontakte:** | Online | Wollen Sie, dass sich Menschen für Ihr kostenloses Werbegeschenk entscheiden? Sind Sie auf der Suche nach Teilnehmern für Ihr Webinar? Nichts funktioniert besser, um Interesse und Leads zu generieren, als FB-Anzeigen.

Vorteile:
Ehrlich gesagt, ist es der einfachste Weg, Ihre Liste aufzubauen und Leads über Ihren Verkaufstrichter in Verkäufe umzuwandeln.

Nachteile:
Es ist eine Investition und der A/B-Test Ihrer Werbung kann anstrengend sein.

- **Erhöhen Sie die Reichweite Ihrer Inhalte auf Facebook:** | Online und offline | Content is king. Ein größeres Publikum für Ihre Inhalte kann also nur von Vorteil für Ihr Unternehmen sein.

Vorteile:
Wenn Sie Ihre Reichweite erhöhen, damit Ihre Inhalte gesehen werden, können Sie Wissen, Sympathien und Vertrauen bei Ihrem Publikum aufbauen.

Nachteile:

Die organische Reichweite Ihrer FB-Seite wird weiter abnehmen und die Werbepreise werden weiter steigen.
- **Erhöhen Sie das Engagement für Ihre Facebook-Seite:** | Online | Die Steigerung des Engagements ist ein Weg, um mehr Klicks, Freigaben und Kommentare für Beiträge zu erhalten.

Vorteile:
Facebook hat bestimmte Vorschriften darüber, wer Ihre Beiträge sehen kann (1-3 % Ihres Publikums). Daher ist das Boosten eines Beitrags, um Ihre Reichweite zu erhöhen, ein garantierter Weg, um Ihre Marketingbemühungen zu sehen.

Nachteile:
Aufwertende Beiträge können den Rest Ihrer täglichen Beiträge in den Schatten stellen.

Schritt # 2 Wählen Sie Ihr Ziel

Sie haben die Wahl zwischen 15 verschiedenen Marketingzielen. Wir helfen Ihnen dabei, herauszufinden, welche Lösung für Ihr Unternehmen am besten geeignet ist. Wenn ein Unternehmen eine FB-Anzeige schaltet, will es in der Regel eines von zwei Dingen erreichen: Markenbekanntheit und/oder Konversionen.

Bewusstseinsbildung
Ziele, die Interesse an Ihrem Produkt oder Ihrer Dienstleistung wecken:
- Verbessern Sie Ihre Beiträge
- Werben Sie für Ihre Seite
- Erreichen Sie Menschen in der Nähe Ihres Unternehmens

- Steigerung des Markenbewusstseins

- Erhöhen Sie Ihre Reichweite

Umrechnungen
Ziele, die Menschen anziehen, die sich für Ihr Unternehmen interessieren, entweder um einen Kauf zu tätigen oder um Ihr Produkt oder Ihre Dienstleistung zu nutzen:

- Steigern Sie die Konversionen auf Ihrer Website

- Steigern Sie das Engagement in Ihrer App

- Überzeugen Sie Menschen, sich für Ihr Angebot zu bewerben

- Werbung für ein Produkt oder einen Katalog

- Überzeugen Sie die Menschen, Ihre Geschäfte zu besuchen

Schritt 3: Auswahl der Zielgruppe

Dies ist wohl der wichtigste Schritt bei der Erstellung einer erfolgreichen Kampagne. Ich kann nicht genug betonen, wie wichtig es ist, sein Publikum zu kennen. Dies zu vernachlässigen ist der Hauptgrund für das Scheitern von Unternehmen.

Da Facebook alles über uns weiß, gilt: Je mehr Sie über Ihre Zielgruppe wissen, desto größer sind Ihre Chancen, dass die Anzeige die richtige Gruppe von Personen erreicht, die Ihre Dienste in Anspruch nehmen möchten.

Beispiel: Wenn Sie versuchen, das Verkehrsaufkommen in der Mittagszeit zu erhöhen, ist es ratsam, sich über die Postleitzahl an die Firmenbüros in der Umgebung zu wenden.

Diese Option ist zielgerichteter als die Option "Stadt", da Sie bestimmte Stadtteile/Gebiete, die Ihren idealen Kunden beherbergen, geografisch ansprechen können. Da wir für das Mittagspublikum werben, spielt die Nähe eine große Rolle. Wie wir wissen, hat der durchschnittliche Arbeitnehmer eine einstündige Mittagspause.

Ich möchte Unternehmen in einem Umkreis von 1 bis 3 Meilen ansprechen (sie können das Restaurant relativ schnell erreichen) und die Anzeige zwischen 21 und 1 Uhr schalten. Dieser Zeitabstand ist angemessen.

Schritt 4: Festlegen des Budgets

Wir haben jetzt unser Zielpublikum. Es ist an der Zeit zu entscheiden, wie viel wir für das Marketing an sie ausgeben werden und wie lange.

- Täglich: Das Tagesbudget ist der Durchschnitt, den Sie pro Tag ausgeben werden.
- Dauer: Ein Lifetime-Budget ist der Höchstbetrag, den Sie während der Laufzeit Ihres Anzeigensatzes ausgeben werden.

Wie viel sollte ich für eine Anzeige ausgeben?

Das ist eine sehr gute Frage. Studien zufolge spielt es keine Rolle, in welcher Branche Sie tätig sind oder wie viel Marketingbudget Sie haben. Wenn Sie die Anzeige zum ersten Mal schalten, würde ich immer empfehlen, 5-10 Euro pro Tag einzuplanen (geschätzte durchschnittliche tägliche Reichweite von 540-2.700 Personen) und die Anzeige 7 Tage lang zu schalten. So erhalten Sie ein Feedback darüber, wie die Anzeige konvertiert und wie sie bei Ihrer Zielgruppe ankommt.

5-10 Euro pro Tag sind für die meisten kleinen oder lokalen Unternehmen ein machbares Budget. Sobald Sie die richtige Formel für die Anzeigenumsetzung gefunden haben, können Sie Ihr Budget pro Tag erhöhen. Je größer das Budget ist, desto größer ist natürlich auch die Reichweite.

Schritt # 5 Erstellen Sie Ihre Anzeige

Facebook bietet derzeit fünf Anzeigenformate an:
- Karussell: Erstellen Sie eine Anzeige mit 2 oder mehr scrollenden Bildern oder Videos

- Einzelnes Bild: Erstellen Sie bis zu 6 Varianten Ihrer Anzeige mit 1 Bild

- Einzelvideo: Erstellen Sie eine Anzeige mit einem Video

- Präsentation: Erstellen Sie eine Videoanzeige in Endlosschleife mit bis zu 10 Bildern

- Leinwand: Erzählen Sie eine fesselnde Geschichte durch die Kombination von Bildern und Videos

Vergessen Sie nicht, die Größe Ihrer Bilder und Videos richtig anzupassen. Die Spezifikationen für FB-Anzeigenbilder sind 1200 x 628 Pixel und ein Bildverhältnis von 1,91: 1. Video-Spezifikationen sind .MOV- oder .MP4-Dateien mit einer Auflösung von mindestens 720p. Dateigröße maximal 2,3 GB und mindestens 60 Minuten maximal.

Schritt # 6 Anzeigenplatzierung wählen

Sie haben die Möglichkeit, Ihre Anzeige im Desktop-Newsfeed, im mobilen Newsfeed oder in der rechten Spalte zu platzieren. Tipp: Platzieren Sie Ihre Anzeige im Desktop- oder mobilen Newsfeed.

Schritt # 7 Bestellung abschicken

Jetzt haben Sie alles vorbereitet.... senden Sie Ihre Anzeige LIVE! Überprüfen Sie immer Ihre Bestellung, um sicherzustellen, dass alles korrekt ist.
Klicken Sie dann einfach auf die Schaltfläche "Bestellung aufgeben". Ihre Anzeige wurde nun zur Überprüfung an Facebook gesendet. Nach der Genehmigung erhalten Sie eine E-Mail, dass Ihre Anzeige veröffentlicht wurde!

Sozialer Tipp: Testen Sie Ihre Anzeigen im A/B-Verfahren! Ändern Sie das Bild, die Farbe, den Text und sogar die Auslöseschaltfläche, um eine Anzeige zu erstellen, die eine hohe Konversionsrate aufweist!

Wenn Sie einen A/B-Test für Ihre Anzeigen durchführen. Ziel ist es, herauszufinden, welches Bild, welches Video, welche Zielgruppe, welcher Buchstabe, welche Farbe, welcher Werbetext usw. die höchste Klickrate (CTR) oder die höchste Aufforderung zum Handeln (CTA) ergibt. A/B-Tests werden in der Regel mit jeweils zwei Bildern durchgeführt. Zu viele Varianten können die Ergebnisse verfälschen.

Umsatzsteigerung durch Retargeting
Haben Sie sich ein Produkt auf Amazon angeschaut? Dann stellen Sie fest, dass dieses Produkt überall in Ihrem Browser auftaucht, egal wo Sie online gehen? Das nennt man Retargeting.

Retargeting ist ganz einfach: Es gibt Ihnen die Möglichkeit, ein Produkt erneut anzusprechen, um Ihnen eine weitere Gelegenheit zum Kauf zu geben. Retargeting ist eine brillante Marketingstrategie, die nur wenig Zeit benötigt, um Ihre bestehende FB-Werbekampagne zu ergänzen.

Wie funktioniert das?
Wenn jemand Ihre Seite besucht, wird das Pixel zu seinem Gerät hinzugefügt. Dieser Besucher wird als "Publikum" bezeichnet. Diese Zielgruppe wird dann vorbereitet, und wenn sie weiter online surft, wird Ihre Anzeige weiterhin angezeigt. Das Retargeting von FB-Anzeigen kann die Reaktionsrate auf Anzeigen um bis zu 400 % erhöhen.

Wie man Retargeting-Pixel konfiguriert
1. Klicken Sie im Facebook-Anzeigenmanager in der linken Seitenleiste auf "Conversion Tracking".

2. Klicken Sie auf die grüne Schaltfläche mit der Aufschrift "Pixel erstellen".

3. Wählen Sie Ihre Konversionskategorie (Registrierung, Kasse, Leads usw.).

4. Weisen Sie dem Pixel einen leicht zu identifizierenden Namen zu

5. Kopieren Sie den Code des "Zählpixels

6. Fügen Sie das Konvertierungspixel in den Beitrag/die Seite in WordPress ein (manuell oder mithilfe des Plugins), das die Besucher unmittelbar nach der Konvertierung sehen.

Erfolgreiche Retargeting-Kampagnen
Retargeting ist die zweitwirksamste Form des Marketings (E-Mail steht an erster Stelle). Hier sind zwei Unternehmen, deren Retargeting-Kampagne besonders hervorsticht.

Retargeting kann Ihrem Unternehmen und/oder Produkt helfen, relevant zu bleiben, während die Kunden möglicherweise nach anderen Optionen suchen. Es ist eine gute Möglichkeit, Ihrem Publikum eine zweite, dritte oder sogar vierte Chance zu geben, Ihr Produkt zu kaufen. Die Schaltung von Facebook-Anzeigen kann zum sozialen Wachstum Ihres Unternehmens beitragen. Wenn Sie mit Facebook-Werbekampagnen erfolgreich sein wollen, sollten Sie klein anfangen. Führen Sie einen A/B-Test durch und messen Sie die Ergebnisse Ihrer Anzeigen, um die Erfolgsformel zu finden, die zum Erfolg führt.

Sie können damit Geld für andere Unternehmen verdienen! Wenn Sie lernen, ein digitaler Vermarkter zu werden, ist es äußerst wichtig, dass Sie Kenntnisse über Facebook-Werbung als Teil Ihres Angebots haben. FB-Werbetreibende nehmen in der Regel 10-20% des Budgets ihrer Kunden, so dass Sie damit ein gutes regelmäßiges Einkommen erzielen können!

Social Skinny:
1. Klären Sie Ihr Marketingziel

2. Wählen Sie das Ziel Ihrer Kampagne. Wollen Sie einen Beitrag ankurbeln, Ihre Marke bekannter machen oder Menschen erreichen, die Ihrem Unternehmen nahe stehen?

3. Finden Sie Ihr Zielpublikum und lernen Sie es wirklich kennen. Hilft dir das, sie mit deinen FB-Anzeigen anzusprechen?

4. Sie nutzt das Retargeting-Pixel, um die Zielgruppe erneut anzusprechen.

5. Beginnen Sie mit kleinen Anzeigen. Führen Sie A/B-Tests durch und messen Sie, was funktioniert und was nicht.

Herzlichen Glückwunsch! Sie haben neues Wissen über die Erstellung erfolgreicher Kampagnen erworben, und das alles gehört dazu, wenn man ein digitaler Vermarkter werden will. Es ist also an der Zeit, mit der Anwendung zu beginnen und zu beobachten, was für Sie am besten funktioniert.

Kapitel 4: Optimierung und Skalierung von Kampagnen: Die 7 Regeln

Sie fragen sich, wie Sie Ihre Facebook-Werbekampagnen auf die nächste Stufe bringen können? Suchen Sie nach Ideen zur Verbesserung der Konversionen von Facebook-Anzeigen? In diesem Kapitel lernen Sie sieben Möglichkeiten kennen, wie Sie Ihre Facebook-Werbekampagnen skalieren können.

#1: Erhöhen Sie die Ausgaben für Facebook-Werbung alle 4-7 Tage

Wie der Name schon sagt, handelt es sich bei "Gehaltserhöhungen" um kleine Erhöhungen des Werbebudgets von Facebook. Im Grunde bedeutet dies, dass das Budget alle 4-7 Tage um 10 bis 20 % erhöht wird, wenn die Ergebnisse sehr gut sind.

Um diese Taktik anzuwenden, müssen Sie zunächst sicherstellen, dass die Facebook-Kampagne rentabel ist. In diesem Beispiel wurde das Anzeigenset an 3 aufeinanderfolgenden Tagen geschaltet und generierte 7 Conversions zu je 10,68 $.

Bei diesen Konversionen handelt es sich um Aufzeichnungen für eine Live-Veranstaltung, und die maximal zulässigen Kosten pro Aufzeichnung liegen bei 20 $. Um das Budget zu senken, erhöhen Sie es also um 20 % (von 23 $ auf 27,60 $ pro Tag) und lassen es weitere 4 Tage laufen, bevor Sie es wieder sehen. So einfach ist das.

Es überrascht nicht, dass dies bei weitem die risikoärmste Methode zur Skalierung einer Kampagne ist. Warum funktioniert es dann so gut?

Jedes Anzeigenset lernt aus seiner Leistung und speichert Daten. Wenn Sie Ihr Budget um 10-20 % erhöhen, wird dies als relativ kleine Änderung Ihres Anzeigensatzes betrachtet, so dass die meisten Daten und Erkenntnisse aus dem ersten Durchlauf Ihrer Kampagne erhalten bleiben. Dies trägt dazu bei, die Leistung relativ stabil zu halten, im Vergleich zu einer größeren Änderung, die dazu führt, dass der Anzeigensatz alle seine ursprünglichen Daten verliert.

Obwohl Facebook dies nie öffentlich zugegeben hat, erschien kürzlich ein entsprechender Hinweis im Facebook Ads Manager.
Finden Sie heraus, wie Sie **das Engagement und den Umsatz** mit Facebook **steigern** können.

Dieser Hinweis bezieht sich zwar hauptsächlich auf die Optimierung des Kampagnenbudgets (oder CBO, eine relativ neue Funktion, auf die ich später in diesem Kapitel eingehe), zeigt aber auch, dass eine Änderung des Budgets die Lernphase eines Anzeigensets zurücksetzt.

#Nr. 2: erhöhte Ausgaben für die profitabelsten Facebook-Zielgruppensegmente

Wenn die Größe Ihrer Zielgruppe mindestens 1 Million beträgt (oder 10 Millionen, wenn Sie bereits 500-1000 EUR pro Tag ausgeben), wird ein Teil Ihrer Zielgruppe wahrscheinlich mehr Gewinn erzielen als der Rest. Diese Taktik der Kampagnenskalierung besteht darin, die profitabelsten Kundensegmente zu finden und für diese mehr Geld auszugeben als für die anderen.
Verwenden Sie dazu die Funktion zur Anzeigenaufteilung von Facebook.

Um diese Daten zu finden, öffnen Sie Facebook Ads Manager und suchen Sie nach der Schaltfläche Aufschlüsselung in der oberen rechten Ecke über der Datentabelle.

Wenn Sie auf diese Schaltfläche klicken, können Sie zwischen vier Typen wählen:
- Mit der Zeit
- Für die Lieferung
- Pro Aktion
- Nach dynamischem Kreativ-Asset (nur anwendbar, wenn Sie das neueste Dynamic Creative-Anzeigenprodukt von Facebook verwenden, das automatisch Anzeigenvarianten für Sie erstellt)

Wenn Sie sich diese Daten zum ersten Mal ansehen, gehen Sie am besten davon aus, dass Sie nichts über Ihre Kunden wissen. Gehen Sie jede Auswahl der Reihe nach durch.

Sehr oft werden beim Vergleich der Ergebnisse für verschiedene Altersgruppen erhebliche Unterschiede festgestellt. Im Folgenden ist die Altersgruppe der 35- bis 44-Jährigen das profitabelste Kundensegment, gefolgt von den 45- bis 54-Jährigen und so weiter.

Natürlich werden Sie nicht unbedingt die gleichen Ergebnisse erzielen. Wenn Sie jede Auswahl sorgfältig analysieren, entdecken Sie vielleicht etwas, das Sie überrascht.
Und vergessen Sie nicht, dass Sie möglicherweise mehr als ein profitables Segment haben.

So könnte man beispielsweise feststellen, dass die Gruppe der 25- bis 54-jährigen Frauen eher konvertiert. Auch bei den Männern zwischen 35 und 44 Jahren scheint das Potenzial größer zu sein. Auf der Grundlage dieser Daten ist es möglich, zwei doppelte Anzeigensätze zu erstellen, die sich getrennt an Frauen zwischen 25 und 54 Jahren und an Männer zwischen 35 und 44 Jahren richten.

Um Ihre Kampagne mit dieser Methode zu skalieren, duplizieren Sie das erfolgreiche Anzeigenset oder die Kampagne, passen das Targeting so an, dass es nur die profitabelste Zielgruppe umfasst, und geben 30-50 % des ursprünglichen Budgets nur für dieses Kundensegment aus.
Wenn Sie mehrere profitable Segmente haben, können Sie diese für jedes Segment, das Sie identifiziert haben, replizieren.

Tipp: Manche Facebook-Werbetreibende wollen schnelle Ergebnisse und geben daher 100 % bis 200 % ihres ursprünglichen Budgets für die kleine Zielgruppe aus. Die Ergebnisse können jedoch ebenso schnell unrentabel werden, sobald das relativ kleine Publikum erschöpft ist. Wenn Sie dies zum ersten Mal tun, nehmen Sie sich Zeit und geben Sie nur 30-50 % Ihres ursprünglichen Budgets aus.

#Nr. 3: Replizieren Sie erfolgreiche Facebook-Anzeigen, aber mit anderen Zielgruppensegmenten.

Die horizontale Skalierung ist eine der am häufigsten verwendeten und zuverlässigsten Methoden zur Skalierung von Facebook-Kampagnen. Mit dieser Taktik wiederholen Sie die gleichen erfolgreichen Anzeigen, richten sie aber an andere Personengruppen.

Mit anderen Worten: Wählen Sie hochprofitable Anzeigen aus, erstellen Sie neue Anzeigensätze und verwenden Sie diese erneut. Wählen Sie in jedem neuen Anzeigenset eine andere Zielsetzung.

Wenn Ihr profitabler Anzeigensatz auf 1 % einer ähnlichen Zielgruppe abzielt, die Ihren Kunden sehr ähnlich sieht, können Sie diese Zielgruppe auswählen:

- 2% bis 10% ähnliche Zielgruppe wie Ihre Kunden

- 1% - 10% ähnliche Zielgruppe wie Ihre Kontakte

- Interessenbasierte Publikumssegmente

- Generisch, kein Targeting (vor allem, wenn Sie schnelllebige Konsumgüter oder Produkte mit Massenwirkung verkaufen)

Versuchen Sie, diese Taktik in einem einfachen zweistufigen Verfahren umzusetzen. Erstellen Sie zunächst eine Kampagne, um verschiedene Werbetexte und kreative Kombinationen zu testen. Wenn Sie dann eine erfolgreiche Kombination aus Anzeigentext und Gestaltung gefunden haben, können Sie diese in einer separaten Kampagne für eine andere Zielgruppe wiederholen.

Sobald Sie 10-20 Anzeigen auf einmal testen, werden Sie die Vorteile dieses Systems erkennen und nicht mehr den Überblick über die Anzeigen verlieren, auf die Sie die Methode der horizontalen Größenänderung angewandt haben.

#4: platziert automatisch Facebook-Werbeausgaben mit Kampagnenbudget-Optimierung

Seit den Anfängen der Facebook-Werbung wurden die Budgets immer auf der Ebene von Anzeigensätzen verwaltet. In jedem Set können Sie mehrere Anzeigen erstellen, und Facebook würde die Ausgaben für Anzeigen intelligent zwischen ihnen aufteilen. Jetzt will Facebook seine Rolle stärken und seine Fähigkeiten im Bereich des maschinellen Lernens nutzen, um Werbetreibenden dabei zu helfen, ihre Ausgaben auf verschiedene Zielgruppensegmente und Anzeigen aufzuteilen. CBO ist Teil von Facebooks neuem Angebot für Werbetreibende, genannt Power 5.

Mit CBO hofft Facebook, Werbetreibenden zu helfen, die ihre Werbeausgaben nicht so zuordnen, dass sie effizienter bessere Ergebnisse auf der Plattform erzielen können.

Bisher haben unsere Tests gezeigt, dass CBO sehr gut funktioniert, wenn Sie versuchen, über 1.000 Euro pro Tag zu erreichen.

Es funktioniert besonders gut, wenn Sie haben:
- Mehr Anzeigensätze für Zielgruppensegmente, von denen Sie wissen, dass sie profitabel sind
- Anzeigen, die in den ersten Testphasen gut abgeschnitten haben und nicht nur profitabel sind, sondern auch Link-Klicks von mehr als 2 % - 3 % aufweisen.

Obwohl die Klickraten allein nicht unbedingt ein Indikator für die Stärke einer Anzeige sind, bedeutet eine Anzeige, die sowohl profitabel als auch attraktiv ist, dass sie, wenn sie mehr Menschen erreicht, Raum zum Wachsen hat und trotzdem profitabel bleibt.

Nehmen wir zum Beispiel an, Sie haben die folgenden Zielgruppensegmente:
- 1% -10% ähnliche Zielgruppe wie Ihre zahlenden Kunden

- 1% - 10% ähnliche Zielgruppe wie Ihre Kontakte

- Interessenbasierte Publikumssegmente

Sie können diese Zielgruppensegmente in drei oder vier Kampagnen einteilen:
- Gruppe 1: 1% -3% ähnliche Zielgruppe Ihrer zahlenden Kunden und 1% ähnliche Zielgruppe Ihrer Kontakte

- Gruppe 2: 4 bis 6 % ähnliche Zielgruppensegmente Ihrer zahlenden Kunden, 2 bis 4 % ähnliche Zielgruppensegmente Ihrer Kontakte und einige sehr relevante Interessen (z. B. Autoren, Verbände usw.)

- Gruppe 3: 7% -10% ähnliches Publikum Ihrer zahlenden Kunden, 5% -7% ähnliches Publikum Ihrer Leads und sonstige Interessen

Legen Sie in jeder Kampagne ein Budget mit CBO fest und deaktivieren Sie Anzeigensätze, die nicht profitabel arbeiten, wie Sie es normalerweise tun würden.

Nr. 5: Nutzen Sie die automatischen Regeln von Facebook, um das Risiko von Mehrausgaben zu mindern.

Die risikoangepasste Klon-Methode zur Skalierung einer Facebook-Kampagne besteht darin, Ihren profitablen Anzeigensatz zu duplizieren, das Budget deutlich zu erhöhen und die Risiken durch den Einsatz automatisierter Regeln zu mindern. Dies ist ein schneller, aber riskanter Weg, um Ihre Kampagnen zu verkleinern. Um es klar zu sagen: Es funktioniert nicht immer, aber wenn es richtig eingerichtet ist, ist es unglaublich schnell.

Wenn Sie ein Anzeigenset haben, für das Sie 50 EUR pro Tag ausgeben, können Sie es duplizieren und ein höheres Budget festlegen (z. B. 100 oder 150 EUR pro Tag). In nur ein oder zwei Tagen könnten Sie dann Ihre Werbeausgaben und -ergebnisse verdoppeln.

Da dieser Ansatz jedoch nicht immer funktioniert, sollten Sie das Risiko minimieren, Ihr gesamtes Geld zu verschwenden. Wechseln Sie dazu zu den automatisierten Regeln von Facebook, die Sie im Ads Manager erstellen können.

Hier sind zwei wichtige Regeln, die wir anwenden:
- Deaktivieren Sie das Anzeigenset, wenn die Werbeausgaben größer oder gleich dem Dreifachen der Kosten pro Akquisition sind (Werbeausgaben $\geq$ 3x CPA).

- Starten Sie den Anzeigensatz am nächsten Tag erneut, wenn er rentabel ist.

Die erste Regel besagt, dass der Anzeigensatz bis zum Dreifachen der gewünschten Kosten pro Akquisition ausgegeben werden darf.

Um diese Regel zu erstellen, wählen Sie Ihre Kampagne im Anzeigenmanagement aus. Klicken Sie dann auf Regeln und wählen Sie im Dropdown-Menü die Option Neue Regel erstellen aus.

Wenden Sie die Regel im Fenster "Regel erstellen" auf die aktiven Anzeigensätze innerhalb der ausgewählten Kampagne an und weisen Sie Facebook an, den Anzeigensatz zu deaktivieren, wenn die Regel aktiviert ist (siehe Abbildung unten).

Legen Sie als Nächstes die Ausgaben für die Lebenszeit auf das Dreifache des profitablen CPA fest. In diesem Beispiel wird er auf 15 $ geschätzt, so dass Sie die Regel aktivieren möchten, wenn er mehr als 45 $ ausgibt (15 $ x 3 = 45 $).

Warum dreimal? Der Grund dafür ist ein doppelter.
Zunächst einmal erfolgt die Berichterstattung auf Facebook oft mit Verzögerung in Echtzeit. Sie sollten Facebook also eine angemessene Zeitspanne für die Aktualisierung des Berichts einräumen, damit profitable Anzeigensätze so lange wie möglich laufen.
Zweitens kann das Gesetz der kleinen Zahlen beim Sammeln von Daten über eine Reihe von Anzeigen dazu führen, dass Sie die falschen Entscheidungen treffen.

Angenommen, Sie erhalten nur einen Kauf, nachdem Sie 30 Euro ausgegeben haben, d. h. Sie haben 30 Euro für die Akquisition eines Kunden bezahlt. Sie denken vielleicht, dass dies nicht profitabel ist, und deaktivieren den Anzeigensatz. Aber Sie wissen nicht, dass dieselbe Anzeige leicht zu drei Käufen führen kann, wenn Sie ihm erlauben, 50 Euro auszugeben, und zu fünf Käufen, wenn Sie ihm erlauben, 60 Euro auszugeben. Dadurch würde sich Ihr CPA von ursprünglich 30 Euro auf 17 und dann auf 12 Euro verringern.

Für die übrigen Optionen behalten Sie die Standardwerte bei.

Manchmal kann sich die Berichterstattung von Facebook auch um ein oder zwei Tage verzögern. Um dieses Problem zu entschärfen, wird die zweite Regel erstellt, die profitable Anzeigensätze, die fälschlicherweise deaktiviert wurden, neu startet.

Diese Regel ähnelt der ersten Regel, allerdings mit zwei Änderungen:
- Anstatt ein Anzeigenset zu deaktivieren, aktivieren Sie das Anzeigenset, wenn diese Regel aktiviert ist.
- Anstatt die Regel zu aktivieren, wenn die Kosten pro Lead mehr als 15 EUR betragen, aktivieren Sie die Regel, wenn die Kosten pro Lead weniger als 15 EUR betragen.

Mit dieser Regel wird Ihr Konto grundsätzlich auf profitable Anzeigensätze überprüft, die aus irgendeinem Grund inaktiv sind.

Nehmen wir an, dass die erste Regel eine Reihe von Anzeigen deaktiviert hat, nachdem sie 45 Euro ausgegeben hat, nur um zwei Käufe zu tätigen. Daraus ergibt sich ein CPA von 22,50, der nicht rentabel ist.

Aufgrund der Verzögerung bei der Berichterstattung generiert das Anzeigenset jedoch vier Leads und der effektive CPA beträgt 11,25 EUR.
Die Regel wird dies wieder aufnehmen und die eingestellte Ansage reaktivieren.

Nr. 6: Mehrere Angebote innerhalb einer Facebook-Kampagne rotieren lassen

Die Taktiken konzentrieren sich hauptsächlich auf unmittelbare Tricks, mit denen Sie das Beste aus Ihren Facebook-Kampagnen herausholen können. Aber keine dieser Methoden wird funktionieren, wenn die Leute es leid sind, immer wieder das gleiche Angebot zu sehen, wie z. B. das gleiche Chiropraktiker-Paket für 29 Euro, den 100-Euro-Rabatt für einen Kurs, ein kostenloses Probeangebot im Fitnessstudio oder einen eBook-Download.
Stattdessen sollten Sie mehrere Angebote entwickeln, die Sie von Zeit zu Zeit wechseln können. Das mag zwar nach viel Arbeit klingen, aber in Wahrheit brauchen Sie gar nicht so viele Angebote. Allein zwei attraktive Angebote können Ihrem Unternehmen zu Millionenumsätzen verhelfen.

Im Folgenden finden Sie eine einfache Aufschlüsselung, wie dieser Ansatz aussehen könnte:
- Januar: Förderung von Angebot 1 (z.B. Guiding Magnet)

- Februar: Promotion von Angebot 2 (z.B. Giveaway)

- März: Förderung von Angebot 1 (z.B. Guiding Magnet)
- April: Förderung von Angebot 2 (z. B. Gratis)

... und so weiter.

Wenn Sie diese Idee weiterverfolgen möchten, finden Sie hier einige bewährte Angebote, die Sie miteinander kombinieren und abwechseln können:
- Herunterladbare eBooks und Quizspiele (oder Werbegeschenke)
- Webinare von 30 bis 90 Minuten und Video-Verkaufsbriefe von 5 bis 20 Minuten
- Kostenlose Test- oder Einstiegsdienste und preisgünstige Pakete für eine begrenzte Anzahl von Personen

Nr. 7: Die Zielgruppe der Facebook-Kampagne mit neuen Produktangeboten erneut ansprechen

Bei Facebook ist die Kanalisierung der Werbung ebenso eine Grundlage für Ihren Erfolg wie die Einstellung der richtigen Angebote. Unternehmen, die mit ihrem Channeling erfolgreich sind, hören jedoch oft auf, es zu verbessern. Sie konzentrieren sich ausschließlich darauf, mehr zielgerichteten Verkehr zu erzeugen, was ihre tatsächlichen Möglichkeiten zur Ausweitung ihres Geschäfts einschränkt.

Stattdessen können Sie durch die Ausweitung Ihrer Kanalisierung zusätzliche Berührungspunkte und Möglichkeiten schaffen, damit die Menschen mehr über Ihre Produkte und Dienstleistungen erfahren können. Sie können dies tun, indem Sie ein gewinnmaximierendes Angebot am Ende des Kanals hinzufügen.

Gehen wir davon aus, dass Sie Ihre Online-Kurse zwischen 200 und 500 Euro verkaufen und dass Sie dies gewinnbringend tun können. Es ist jedoch schwierig, Ihre Facebook-Kampagnen bis ins Unendliche zu skalieren, da der Traffic teurer wird und Sie für jeden neuen Kunden mehr bezahlen müssen. Dies schränkt Ihr Wachstum ein.

Um dieses Limit aufzuheben, müssen Sie Ihre Preise erhöhen oder ein neues Angebot zu einem höheren Preis erstellen. Diese können von 2.000 EUR für einen voll bezahlten Kurs bis zu 10.000 EUR und mehr für eine individuelle Arbeitsvereinbarung reichen.
Stellen Sie sich Folgendes vor: Wenn 10 % Ihrer bestehenden Kunden das teurere Angebot annehmen, wie viel mehr könnten Sie dann für den Traffic bezahlen (und damit Ihre Kampagnen skalieren)? Wahrscheinlich viel mehr!

Kapitel 5: Strategie zur Explosion Ihres ROAS

Wenn man für Werbung bezahlt, erwartet man auch etwas dafür, oder?
Sie investieren Hunderte oder Tausende von Euro in Facebook-Anzeigen in der Hoffnung, dass sich Ihre Investition in irgendeiner Weise auszahlt, sei es durch Markenbekanntheit oder durch Käufe.

Aber ich verrate Ihnen ein Geheimnis: Die Werbung gibt den Marken nicht immer etwas zurück.
Der Return on Ad Spend (ROAS) ist der beste Indikator dafür, ob Ihre Werbekampagne tatsächlich Ergebnisse erzielt. Ja, Ansichten sind schön, aber wenn sie nicht mit tatsächlichen Käufen verbunden sind, ist das wirklich wichtig?

Sie müssen Ihre Werbeausgaben rechtfertigen, was bedeutet, dass Sie die ROAS überwachen müssen, als ob es Ihr Vollzeitjob wäre.

Facebook Ads sind der beste Weg, um sich einem großen Publikum zu präsentieren, Ihr Unternehmen auszubauen und Ihr Werbebudget zu schonen, und sie sind eine ROAS-Goldmine.
Die Zahl der Werbeeinblendungen auf Facebook stieg um 33 Prozent, und auch die Werbeausgaben gingen zurück.

Da 78 Prozent der Social-Media-Nutzer ein Produkt über Facebook Ads gefunden haben, ist dies eine hervorragende Möglichkeit für Sie, zahlende Kunden zu finden.

Aber man muss gut werben. Werbung ist eine schwierige Aufgabe, und jede Komponente Ihrer Kampagne sollte für Sie und nicht gegen Sie arbeiten.

Die Kreativität Ihrer Facebook-Werbung muss erstklassig sein, um Ergebnisse zu erzielen, aber es braucht eine Menge. Von Bildern bis zu Texten, von Aufrufen zum Handeln bis zu Landing Pages - es gibt viel zu tun.

Sie müssen das Geld, das Sie für Werbung ausgegeben haben, wieder hereinholen. Das bedeutet, dass die Kreativität der Facebook-Anzeige optimiert werden muss, um das Ziel zu erreichen.

Was ist ROAS?

Doch zunächst müssen wir den Unterschied zwischen ROAS (Return on Ad Spend) und ROI (Return on Investment) bei Facebook-Kampagnen verstehen. Auf den ersten Blick scheinen die beiden identisch zu sein, aber es gibt einige feine Unterschiede.
Die Rendite der Werbeausgaben ist eine Formel, mit der berechnet wird, ob Ihre Werbung tatsächlich zahlende Kunden gebracht hat.

Teilen Sie Ihre Gewinne durch die laufenden Kosten Ihrer Kampagne und Sie haben den ROAS berechnet.
Wenn Ihre Kampagne beispielsweise 10.000 Euro generiert und Sie 5.000 Euro für Facebook-Anzeigen ausgegeben haben, beträgt Ihr ROAS das 2-Fache. Das bedeutet, dass Sie für jeden ausgegebenen Euro 2 Euro zurückerhalten haben.

In Bezug auf die Kapitalrendite würde dies eine Rendite von 200 % bedeuten.

Dabei wird der ROAS stärker betont als der ROI, da Sie die Tatsache berücksichtigen, dass Sie *echtes Geld* ausgegeben haben, um diese neuen Kunden zu gewinnen. Sie sind nicht einfach aus dem Nichts aufgetaucht.
Es ist einfacher, den Nutzen Ihrer Werbekampagnen aus einer Budgetperspektive mit dem Ertrag Ihrer Werbeausgaben zu sehen.

Oh, und da der ROAS von Facebook für E-Commerce-Marken um mehr als 30 Prozent gestiegen ist, würden wir sagen, dass es eine attraktive Option zur Steigerung der Online-Verkäufe ist.

7 Tipps für eine fehlerfreie Facebook-Werbe-Kreativität

Sie fragen sich vielleicht: "Wie erreiche ich mehr ROAS mit meinen Facebook-Anzeigen?".

Während Zielgruppenanpassung, Retargeting und Gebotsanpassungen sicherlich eine Rolle bei der ROAS spielen, lässt sich der Umsatz am einfachsten durch die Gestaltung von Facebook-Anzeigen steigern.

Packen Sie die niedrig hängenden Früchte zuerst an. Führen Sie Ihr vorhandenes Kreativmaterial durch diese 7 Tipps, um den ROAS von Facebook-Anzeigen zu maximieren.

1 - Teilen Sie Ihre Kreativität

Wie kann man wissen, ob die Werbung bei bestimmten Entscheidungen besser funktioniert? Wenn Sie es nicht mit anderen teilen, werden Sie es nie mit Sicherheit wissen.

Split-Tests erfordern ein wenig mehr Arbeit.
Sie werden einen großen Gewinn sehen: Split-Tests können die Konversionsrate bis zu 4 Mal verbessern.
Glücklicherweise müssen Split-Tests keine Kopfschmerzen bereiten. Facebook Ads ermöglicht es Ihnen, Ihre Werbeausgaben mit einem dynamischen kreativen Ansatz zu optimieren, um eine höhere Rendite zu erzielen.

Facebook mischt verschiedene Versionen Ihres Textes, Ihrer Bilder und Beschreibungen, um die beste Kombination zu finden, die den höchsten Ertrag aus den Werbeausgaben bringt.

Natürlich müssen Sie immer wieder testen, um herauszufinden, was funktioniert. Aber mit der Zeit werden Sie die Vorlieben Ihres Publikums besser verstehen, was auf lange Sicht zu einer besseren und überzeugenderen Werbekreativität führt.

2 - Verbinden Sie Ihre Anzeigen mit Ihrer Landing Page

Sie leiten doch nicht Ihren gesamten bezahlten Traffic auf eine Landing Page, oder?

Das Facebook-Werbematerial sollte zu 100 Prozent mit Ihrer Landing Page übereinstimmen.
Schockierende 77 % der Landing Pages sind nur Homepages, und das ist nicht gut.

Landing Pages haben bessere Konversionsraten als Homepages, was bedeutet, dass Sie eine Menge Klicks verlieren.

Wir wetten, dass Ihre Facebook-Anzeigen nicht identisch sind, was bedeutet, dass jede von ihnen eine eigene Landing Page benötigt.
Dies bedeutet, dass Sie über ein solches verfügen sollten:
- Gleiche Botschaften
- Gleiche Bilder
- Gleiches Branding

... auf die Kreativität der Facebook-Anzeige als Landing Page.

Aber warum machen wir uns die Mühe mit einzigartigen Landing Pages? Können Sie nicht einfach dieselbe Seite für eine ganze Kampagne wiederverwenden?

Das könnten Sie, aber Sie würden es bereuen.
Die durchschnittliche Konversionsrate von Facebook liegt bei 9 %, was nicht schlecht ist.
Werbetreibende mit einzigartigen Landing Pages pro Anzeige erhalten jedoch 12 Mal mehr Leads auf ihren Landing Pages. Konsistenz ist entscheidend, wenn Sie das Vertrauen Ihrer Besucher gewinnen wollen. Machen Sie sich nicht über Ihre Facebook-Leads lustig: Passen Sie die Kreativität an Ihre Landing Page an, auch wenn das bedeutet, dass Sie mehr Seiten erstellen müssen.

3 - Probieren Sie verschiedene Anzeigenplatzierungen aus

Facebook Ads bietet Ihnen mehrere Optionen für die Schaltung Ihrer Anzeigen. Sei es drum:
- Newsfeed
- Rechte Spalte
- Mobiler Newsfeed
- In-Stream-Video

... können Sie mehr Kontakte anziehen (und den ROAS beibehalten), um mit der richtigen Anzeigenschaltung für sich zu werben.

Bedenken Sie: Einige Anzeigenplatzierungen, wie z. B. native InFeed-Anzeigen, können Ihre Reichweite um 16 % erhöhen. Probieren Sie immer verschiedene Anzeigenplatzierungen aus, um zu sehen, was Ihren Followern gefällt.

Platzierungen sehen wie eine einfache Targeting-Einstellung aus, aber dies hat auch Auswirkungen auf die Kreativität der Facebook-Anzeige.
Sie müssen verschiedene Anzeigengrößen erstellen, um die Spezifikationen jeder Platzierung zu erfüllen. Ja, das bedeutet, dass Ihr Grafikdesigner doppelte Arbeit leisten muss.
Aber es lohnt sich trotzdem. Ihre News-Feed-Anzeigen könnten beispielsweise 50 % besser abschneiden als In-Stream-Videoanzeigen.

Wenn Sie durch die richtige Platzierung und Formatierung von Anzeigen Geld sparen können, indem Sie die Konversionsrate erhöhen, sollten Sie dies ausprobieren.

4 - Sozialen Beweis erbringen

Sie verkaufen etwas online. Seien wir ehrlich: Sie könnten ein totaler Betrüger sein, und die Leute würden es nie erfahren.

Das Internet ist anonym, und das bringt die Kunden zu Recht in Bedrängnis. Sie brauchen den Beweis, dass Sie rechtmäßig sind.
Da Social Proof die Conversions um 15 % steigern kann, ist er für die Gestaltung der Facebook-Anzeige unerlässlich.

Dazu gehören Inhalte wie:
- Unboxing

- Ehrliche Bewertungen

- Lustige Kritiken

- Kunden, die Ihre Produkte verwenden

... in der Kreativität der Anzeige. Das macht deutlich, dass auch andere Menschen Ihr Produkt mögen.
Wenn Sie Schwierigkeiten haben, den sozialen Beweis zu erbringen, wenden Sie sich an erfahrene Influencer.

Sie sind gerne bereit, Ihr Produkt zu rezensieren, es mit ihren Followern zu teilen und Ihrer Facebook-Werbekreativität einen Hauch von Authentizität zu verleihen.

5 - Optimieren Sie Ihre CTAs

CTAs sind ein so wichtiger Bestandteil erfolgreicher Facebook-Anzeigen.
90 % der Personen, die Ihren Text lesen, suchen auch nach einem CTA, lassen Sie diesen Schritt also nicht aus!

Wenn Sie sich die Facebook-Anzeigen eine Minute lang angeschaut haben, werden Sie feststellen, dass sie Ihnen eine große Auswahl an CTA-Schaltflächen (Call to Action) bieten.

Sie können sie nicht anpassen, aber Facebook bietet so viele an, dass Sie keine Probleme haben sollten, die richtige zu finden.
Es ist zwar verlockend, für alles "Weitere Informationen" als CTA auszuwählen, aber ist es wirklich das, was die Nutzer tun sollen?

Willst du *wirklich, dass sie* mehr lernen? Oder müssen sie "Jetzt kaufen"? Oder "Jetzt beobachten?"

Jede Diskrepanz zwischen dem CTA und dem Facebook-Werbemittel schadet der Konversion.

Sie glauben es nicht? Bedenken Sie dies: Spezifische und maßgeschneiderte CTAs konvertieren 202 % mehr.

Verknüpfen Sie den gewünschten CTA immer mit dem Werbemittel. Dadurch wird verstärkt, was Sie wollen, damit die Leute tatsächlich auf die CTA klicken und sich durch die Kanalisierung bewegen.

6 - Wählen Sie großartige Bilder

Sie konkurrieren auf Facebook um die Aufmerksamkeit der Nutzer. Das bedeutet, dass die Kreativität der Facebook-Anzeige absolut *faszinierend* sein muss.

Befolgen Sie diese schnellen Tipps, um bessere Bilder für Ihre nächste Kampagne zu erhalten:
- Verwenden Sie die Drittel-Regel.

- Kontrastierende Farben. Zeigen Sie z. B. das Bild eines orangefarbenen Regenschirms in einem Meer von schwarzen Regenschirmen.

- Nutzen Sie die Psychologie der Farben, um den richtigen Ton und das richtige Gefühl für Ihr Publikum zu vermitteln.

- Seien Sie konkret. Wenn Sie sich an Menschen in einer bestimmten Region oder einem bestimmten Land wenden, sollten Sie Bilder verwenden, die für diese Region relevant sind.

- Gesichter verwenden. Der Mensch fühlt sich von Natur aus zu Bildern mit Gesichtern und Menschen hingezogen, also verzichten Sie auf passive Landschaftsaufnahmen.

Hier zählen die Augen. Jetzt ist es an der Zeit, kreativ zu sein, also gehen Sie bei der Gestaltung Ihrer Facebook-Anzeige Risiken ein.

7 - Video hinzufügen

Statische Bilder haben in der Werbung durchaus ihre Berechtigung.
Wussten Sie, dass Videos die Leistung von Landing Pages um 80 % steigern? Und dass 46 % der Menschen nach dem Ansehen eines Videos aktiv werden?
Sie ist sehr leistungsfähig.
Mithilfe von Videos können Sie mehr Informationen in kürzerer Zeit vermitteln und Ihr Publikum stärker ansprechen. Wenn Sie im Newsfeed eines Nutzers auffallen wollen, sollten Sie auf Videoanzeigen setzen.
Der durchschnittliche Facebook-Nutzer klickt auf 11 Werbeanzeigen pro Monat. Gehört Ihrer auch dazu?

Produzieren Sie nicht die gleiche Werbung wie Facebook. Sie brauchen ROAS und Sie brauchen es schnell.

Kapitel 6: Kreativität, Copywriting und Buyer Persona

Es kann schwierig sein, Facebook-Kreationen zu erstellen, die gleichzeitig visuell auffallen, Emotionen wecken *und* zu Konversionen führen. Es geht darum, ein überzeugendes Konzept zu entwickeln, zu entscheiden, welche Art von Anzeige verwendet werden soll, sicherzustellen, dass sie die Textkontrolle besteht, die Zielgruppen festzulegen und den Text zu schreiben. Wenn Sie eine Anzeige in den Händen halten, ist es durchaus möglich, dass Ihr ursprüngliches Publikum aus der Zielgruppen-Demo herausgealtert ist.

Was ist das kreative Zentrum von Facebook?

Facebook Creative Hub ist eine Funktion innerhalb von Facebook Ads, die es Ihnen ermöglicht, direkt zu den kreativen Elementen zu springen *und* Ihnen die Strategien zu zeigen, mit denen Werbetreibende mit exponentiell größeren Budgets erfolgreich sind.

Es ist eine unglaubliche Ressource, ein Sandkasten, den Werbetreibende erforschen, gestalten und teilen können. Es gliedert die Fülle der Facebook-Anzeigentypen in zusammenhängende Untergruppen und liefert *wahnsinnig genaue* Beispiele für jeden. Weltweit tätige Werbeagenturen vertrauen auf die Vielseitigkeit und die Möglichkeit, eine Vielzahl von Anzeigenformaten zu testen, bevor sie veröffentlicht werden.

Berechnungen zufolge gibt es 9 Möglichkeiten, wie Facebook Creative Hub Ihnen helfen kann, bessere Facebook-Anzeigen zu erstellen:
    1. Lassen Sie sich von den großen Marken inspirieren

2. Verwalten von Mockups
3. Stellen Sie sicher, dass Ihre illustrierten Anzeigen genehmigt sind
4. Neue Anzeigenformate erforschen
5. Entfesseln Sie die Macht von Instagram
6. Verfeinern Sie Ihre Strategie für mobile Werbung
7. Teilen Sie Ideen mit Ihrem Team
8. Vorschau der Anzeigen in ihrem natürlichen Lebensraum
9. Einfaches Verwalten, Bearbeiten und Exportieren

Sehen wir uns die einzelnen Möglichkeiten näher an, wie Facebook Creative Hub Ihr Unternehmen auf die nächste Stufe heben kann.

Facebook-Kreativtipp Nr. 1: Lassen Sie sich von großen Marken inspirieren

Wenn das Durchsuchen bezahlter sozialer Anzeigen wie eine legitime Form der Unterhaltung aussieht, wissen Sie, dass jemand gute Arbeit geleistet hat.

Die in der oberen rechten Ecke der Benutzeroberfläche versteckte Schaltfläche "Inspiriert werden" ist die Stolperschaltfläche von Facebook Creative Hub. Von dort aus können Sie durch Dutzende von Beispielen für jeden Anzeigentyp blättern, von Instagram Stories bis hin zum stets wirkungsvollen Karussell.

Sobald Sie eine Kategorie ausgewählt haben, ändert sich die Seite mit den Angeboten dynamisch entsprechend Ihrer Auswahl. Klicken Sie auf eines der Smartphones mit Vektorgrafik und Sie werden zu einer Nahaufnahme mit einer kurzen Beschreibung weitergeleitet.

Einige bieten nützliche Einblicke in den kreativen Prozess und die Recherche, die für die Erstellung der Anzeige, die Sie gerade sehen, erforderlich sind.

Als kleines Unternehmen, Freiberufler oder Agentur sind die Tipps und Tricks, die Sie von Profis erhalten, *von unschätzbarem Wert*. Sie können die Techniken spiegeln und Ideen, die Sie im Creative Hub finden, notieren und sie für Ihre Facebook-Strategie nutzen.

Facebook Kreativ-Tipp Nr. 2: Verwalten Sie Ihre Mockups

Mock-ups sind seit langem ein wertvolles Instrument für Agenturen und Freiberufler, die ihren Kunden Kreativität anbieten, aber die meisten Werbetreibenden und Solopreneure nutzen sie nicht. Das heißt aber nicht, dass *sie es nicht tun sollten*.

Darin spiegelt sich lediglich wider, dass die Erstellung von Mockups für digitale Anzeigen in der Vergangenheit eine Herausforderung darstellte. Es ist viel einfacher, sich bei Facebook oder AdWords oder einer anderen Plattform anzumelden, eine Anzeige zu erstellen und sofort loszulegen. Mockups sind für Menschen gedacht, die die Zeit haben, eine Idee zu konzipieren und zu optimieren, nicht für gewöhnliche Ideen und Pop-Operationen.

Im Creative Hub von Facebook gibt es überall eine Aufforderung zur Aktion "Mockup erstellen". Einige sind Knöpfe. Einige sind Kopien. Es ist ganz klar, dass Facebook möchte, dass du *etwas* erstellst: Du kannst ihnen ruhig nachgeben.
Nachdem Sie die Art der Anzeige ausgewählt haben, die Sie erstellen möchten.

Sie werden zu einem Bildschirm für die Erstellung von Werbeanzeigen weitergeleitet, der demjenigen ähnelt, den Sie kennen, wenn Sie bereits auf Facebook Werbung geschaltet haben. Ein Tipp: Klicken Sie mit der rechten Maustaste auf die gewünschte Option und öffnen Sie den Mockup-Editor in einer separaten Registerkarte. Auf diese Weise können Sie die Beispielanzeigen von früher als Inspiration verwenden, während Sie daran arbeiten, Ihre bisher umsatzstärkste Facebook-Anzeige zu erstellen.

Facebook-Kreativ-Tipp Nr. 3: Stellen Sie sicher, dass Ihre illustrierten Anzeigen genehmigt sind

Es ist hinlänglich bekannt, dass Facebook in puncto Kreativität pingelig sein kann. Wenn zu viele Wörter auf Grafiken und Bilder geklebt werden, stoßen sie an ihre Grenzen.

Das ist nicht gut.

Mit Creative Hub können Sie die Bilder, die Sie in Mockup Ads verwenden, über eine integrierte Textsteuerung ausführen. So können Sie sich vergewissern, dass die Ideen, die Sie sich ausdenken, auch realisierbar sind, bevor Sie loslegen.

Um die Textsteuerung zu verwenden, laden Sie einfach ein Bild über die entsprechende blaue Schaltfläche hoch.

Facebook gibt Ihnen sofort eine Vorstellung davon, wie sich Ihr Bild auf die Anzeigenleistung auswirken wird. Wenn das Ergebnis anders ausfällt, sollten Sie Ihr Bild entsprechend den Ratschlägen im hilfreichen FAQ-Bereich ändern.

Facebook-Kreativitäts-Tipp 4: Neue Anzeigenformate erforschen

Auf "Be Inspired" macht Facebook deutlich, dass die Anzeigenformate neu sind.

Facebook-Kreativitäts-Tipp Nr. 5: Entfesseln Sie die Macht von Instagram

Es ist erstaunlich, wie viele Unternehmen heutzutage keine Instagram-Anzeigen nutzen. Es scheint, als ob die Menschen gar nicht wissen, dass die Erstellung von Instagram-Anzeigen direkt in Facebook eingebettet ist.

Im Abschnitt "Get Inspired" der Creative Hub-Benutzeroberfläche sind Instagram-Anzeigen mit Facebook-Anzeigen gruppiert. Wenn Sie nach etwas Plattformspezifischem suchen, können Sie auf der Seite "Home" Instagram in ein einzelnes Segment unterteilen.

Hier finden Sie:
- Weitere Informationen über verfügbare Anzeigenformate (einschließlich der mit Facebook kompatiblen Formate)

- Visualisierung von Beispielen für Instagram-Kreativität
- Erstellen Sie Mockups!

Facebook-Kreativ-Tipp Nr. 6: Verfeinern Sie Ihre Strategie für mobile Werbung

Wenn es eine Sache gibt, die beim Durchstöbern des kreativen Hubs von Facebook klar ist, dann ist es die Bedeutung, die Zuck und Co. dem mobilen Benutzererlebnis beimessen.
Da sich die digitale Welt immer weiter von den Schreibtischen entfernt, wird dieser Schwerpunkt darauf, wie potenzielle Kunden Ihre Anzeigen auf ihren Telefonen sehen und mit ihnen interagieren, Sie von der Konkurrenz abheben.
Creative Hub präsentiert die Anzeigen im Rahmen eines Vektorbildes eines iPhones. So können Sie sich ein Bild vom Aussehen und der Wirkung einer medienintensiven Anzeige auf einem mobilen Gerät machen.

Facebook-Kreativitäts-Tipp Nr. 7: Teilen Sie Ideen mit Ihrem Team (oder Kunden)

Mit dem Facebook Creative Hub können Sie die besten Beispiele, die Sie finden, mit einem Mausklick teilen.

Die interessanteste Funktion (insbesondere für Agenturen) ist jedoch die Möglichkeit, Links zu Ihren Mockups zu versenden.

Indem die Nutzer alles, was sie innerhalb der Benutzeroberfläche finden oder erstellen, über mehrere Konten und Geräte hinweg teilen können, hat Facebook es einfacher denn je gemacht, gemeinsam erstaunliche Dinge zu schaffen. Wenn Sie das nächste Mal ein Mockup erstellen, duplizieren Sie es, geben Sie Kopien an Ihre Teamkollegen oder Vertrauten weiter und schauen Sie, ob sie Ideen für Verbesserungen haben!

Kombinieren Sie ihr Feedback, um eine optimierte Crowdsourced Ad zu erstellen und sofort loszulegen.

Facebook-Kreativitäts-Tipp Nr. 8: Anzeigenvorschau in ihrem natürlichen Lebensraum

Es wurde bereits erwähnt, dass Creative Hub die Möglichkeit bietet, Facebook- und Instagram-Anzeigen unabhängig voneinander zu betrachten, sowie die Möglichkeit, interessante Anzeigen zu teilen und sie auf einem mobilen Gerät anzuzeigen.
Was noch *nicht* erwähnt wurde, ist, dass Sie nach der Erstellung eines Mockups dieses an Ihre Facebook- oder Instagram-App senden können, um Ihre Arbeit zu sehen.

Sie können sich Prototypen Ihrer brandneuen Anzeigen, *In-App-Anzeigen*.
Warum ist das wichtig? Das bedeutet, dass Sie sich ansehen können, wie Ihre neuen Anzeigen in den Umgebungen, in denen potenzielle Kunden mit ihnen interagieren werden, ästhetisch und textlich abschneiden. Wenn Ihr Text zu klein, Ihre Bilder zu unschön oder Ihre Texte einfach nicht ansprechend sind, werden Sie das merken, bevor Sie einen Cent ausgeben.

Facebook-Kreativitäts-Tipp Nr. 9: Einfaches Verwalten, Bearbeiten und Exportieren von Anzeigen

Endlich...

Nachdem Sie Ihr(e) Mockup-Anzeige(n) erstellt haben, können Sie eine Reihe von Dingen damit tun. Die Option "Mockups verwalten" führt Sie zu einer Schnittstelle, über die Sie Ihre Mockups in der Vorschau anzeigen, duplizieren, freigeben und löschen können.

Dies ist eine großartige Möglichkeit, mehrere Iterationen ähnlicher Kreativität zu testen.

Exportieren einer Anzeige aus Facebook Creative Hub (in 5 einfachen Schritten)

Hier finden Sie eine detaillierte Erklärung, wie Sie Anzeigen aus dem Facebook Creative Hub in Ihr Werbekonto exportieren können:

1. Erstellen Sie Ihr Mockup in Facebook Creative Hub

2. Klicken Sie auf die blaue Schaltfläche "Änderungen speichern" in der rechten Ecke des Bildschirms zur Anzeigenerstellung.

3. Klicken Sie auf die graue Schaltfläche mit dem dunkleren grauen Pfeil (wenn Sie mit der Maus darüberfahren, wird "Vorschau dieses Modells auf Ihrem Computer" angezeigt)

4. Aktivieren oder deaktivieren Sie in diesem neuen Bildschirm den Schieberegler "Lieferung" auf der linken Seite des Bildschirms; dadurch kann jeder, der

den generierten Link (der unten erscheint) verwendet, die Anzeige kaufen.

5. Wenn Sie den Link kopieren und in Ihren Browser einfügen, werden Sie auf eine ähnlich aussehende Vorschauseite weitergeleitet; der einzige Unterschied besteht darin, dass sich über Ihrem Mockup die Option "Importiere dieses Mockup, um eine Anzeige zu erstellen" befindet. Neben diesem Text befindet sich ein Dropdown-Menü; wählen Sie einfach das entsprechende Werbekonto aus, klicken Sie auf die grüne Schaltfläche "Importieren", und schon ist sie aktiv: Sie haben eine neue Facebook-Werbeanzeige!

Erstellen einer Anzeige mit Copywriting-Techniken

Möchten Sie Ihre Facebook-Werbung verbessern? In diesem Unterkapitel befassen wir uns mit 8 optimierten Facebook-Texterstellungstechniken.

Aber wie wichtig sind Facebook-Texterstellungstechniken? Werbung auf der Plattform ist eine einfache Möglichkeit, eine große Zahl potenzieller Kontakte zu erreichen.

Und es ist viel wahrscheinlicher, dass Sie diese potenziellen Kunden in zahlende Kunden verwandeln, wenn Sie Ihre Facebook-Anzeigentexte optimieren.

Diese Tipps werden Ihnen helfen. Behalten Sie sie im Hinterkopf und Ihre Texte werden erfolgreich sein!

#1 Konzentrieren Sie sich auf einen Aufruf zum Handeln

Wenn Sie eine Facebook-Werbeanzeige schreiben, sollten Sie immer wissen, was Ihre spezifischen Ziele sind.
Legen Sie fest, ob Sie mit der Anzeige mehr Follower anziehen, Conversions generieren, den Website-Traffic erhöhen oder was immer Sie sonst erreichen wollen.
Dies hilft Ihnen, einen möglichst langen CTA zu schreiben. Ihr CTA sollte mit Ihrem Ziel übereinstimmen.
Beim Verfassen Ihrer Facebook-Werbetexte sollten Sie nicht den Überblick verlieren. Es ist viel einfacher, Ihre Investitionsrendite zu maximieren, wenn Sie genau wissen, welche Art von Aktion Sie von den Nutzern erwarten, nachdem sie Ihre Anzeige gesehen haben.
Vielleicht möchten Sie zum Beispiel mehr Abonnenten für Ihre E-Mail-Liste gewinnen. Eine relevante CTA könnte etwas in der Art von **"Jetzt registrieren!"** sein.
Es mag einfach sein, aber genau das ist der Punkt. Eine einfache CTA, die sich auf ein klares Ziel konzentriert, ist effektiver als eine zu vage.
Es ist auch wichtig, dass Ihr CTA relativ offensichtlich ist. Betrachten Sie das folgende Beispiel:

Hier wurde der gesamte Titel in eine Aufforderung zum Handeln umgewandelt. Viel deutlicher hätte man es nicht machen können.

2 Probiere verschiedene Versionen deines Facebook-Werbetextes aus

Es ist viel einfacher, einen Facebook-Anzeigentext zu erstellen, wenn Sie verschiedene Optionen ausprobieren. Zum Glück macht es Facebook mit Split-Tests einfach.

Beginnen Sie mit dem Erstellen (oder Ändern) einer Kampagne und wählen Sie Ihr Ziel aus. Vielleicht möchten Sie Ihre Marke bekannter machen:

Sobald Sie Ihr Ziel ausgewählt haben, scrollen Sie nach unten und aktivieren Sie Split-Test erstellen.
Wählen Sie im Abschnitt "Was wollen Sie testen?" die Variable "Kreativ" und wählen Sie dann Weiter.

Sie können nun eine Dauer und ein Budget für Ihren Split-Test wählen. Sie können auch die Zielgruppensegmente auswählen, die Sie ansprechen möchten, bevor Sie Ihre Anzeigen erstellen.

Achten Sie auf Ihre Ziele, wenn Sie die Leistung der verschiedenen Arten von Texten vergleichen. Wenn Ihr Ziel zum Beispiel darin besteht, Konversionen zu generieren, möchten Sie herausfinden, welche Texte am effektivsten sind, um dieses Ziel zu erreichen.
Sobald Sie wissen, welche Variante des Facebook-Werbetextes am besten abschneidet, können Sie feststellen, warum. Vielleicht ist der Ton freundlicher, der Text kürzer, die CTA gezielter, usw.

Dies ist eine äußerst wertvolle Facebook-Texterstellungstechnik! Damit können Sie Ihre Texte erheblich verbessern, ohne ein Vermögen auszugeben.

#3 Facebook-Werbetexte einfach halten

Sie wollen, dass Ihre Anzeigen so viele Nutzer wie möglich anziehen. Dabei ist darauf zu achten, dass die Sprache für manche Leser nicht zu komplex ist.

Denken Sie nicht an die Literatur über Facebook-Werbung. Sie sollten dem Nutzer klar und einfach ihren Wert erklären. Betrachten Sie das folgende Beispiel von Facebook:

Dies ist sehr wichtig. Der Werbetext sagt dem Nutzer, was er tun soll ("Komm zu Jasper") und erklärt, warum er das tun soll ("großartige Bio-Lebensmittel zu unschlagbaren Preisen").
Nur wenige Nutzer werden Schwierigkeiten haben, diesen Werbetext zu lesen. Wenn möglich, sollte Ihre Arbeit genauso einfach sein.

4 Kenne dein Publikum

Die Kenntnis der Zielgruppe, auf die Sie sich konzentrieren, ist eine weitere intelligente Möglichkeit, Ihre Facebook-Anzeigen zu verbessern. Auch hier kommt es darauf an, dass Sie wissen, was Ihre Ziele sind.

Ist es Ihr Ziel, die Markenbekanntheit bei potenziellen neuen Kontakten zu erhöhen? Wenn dies der Fall ist, sollte Ihr Facebook-Werbetext sie sowohl mit Ihrer Markenidentität als auch mit den allgemeinen Vorteilen Ihrer Produkte oder Dienstleistungen vertraut machen.

Anzeigen, die sich an bestehende Kunden oder Follower richten, sollten anders formuliert werden. Eine Anzeige, in der ein Treueprogramm für langjährige Kunden erläutert wird (was 72 % der Verbraucher anspricht), sollte einen Text enthalten, der die Tatsache anspricht, dass sie Ihre Marke kennen.
Zum Beispiel könnte eine Anzeige, die die Markenbekanntheit bei neuen Kunden steigert, auf Facebook so aussehen:

"Probieren Sie [Produktname] bis [allgemeine Vorteile]!"

Eine Anzeige, die bestehende Anhänger über ein Treueprogramm informiert, könnte Texte wie den folgenden enthalten:

"Verdienen Sie sich Rabatte und Sonderangebote, indem Sie an unserem Treueprogramm teilnehmen. Das ist unser Geschenk an Sie."

Noch einmal: Wenn Sie wissen, wer Ihr Publikum ist, wissen Sie auch, wie Sie mit ihm umgehen müssen.

Es gibt auch Fälle, in denen es klug ist, die Werbung mit der Ansprache der Zielgruppe zu beginnen. Betrachten Sie das folgende Beispiel:

Diese Anzeige wirbt für einen Sonderrabatt auf Eintrittskarten für Walt Disney World, der nur für Einwohner Floridas gilt. Der Text beginnt also mit einem klaren Hinweis darauf.

Eine weniger wirksame Version dieser Anzeige würde diese Informationen erst am Ende des Textes einfügen und die Aufmerksamkeit der Adressaten nicht auf sich ziehen.

Dies führt direkt zu unserem nächsten wichtigen Punkt ...

5 Wichtige Informationen an den Anfang stellen

Facebook-Nutzer sind leicht ablenkbar. Es gibt einfach zu viele Inhalte auf der Plattform, als dass sie interagieren könnten.

Deshalb muss der Anzeigentext ihre Aufmerksamkeit erregen, indem er die Vorteile einer bestimmten Handlung sofort in den Vordergrund stellt.

Vielleicht vermarkten Sie eine Bekleidungsmarke und möchten einen Winterschlussverkauf ankündigen. Sie können schreiben:

"Der Winter ist fast da! Machen Sie sich bereit und besuchen Sie unsere Website, um sich über die tollen Winterartikel zu informieren, die derzeit im Angebot sind!"

Dies wäre jedoch ein Fehler, da Sie nicht mit einem Wertversprechen beginnen. Ein besserer Text könnte lauten:
"Sparen Sie bis zu 50 % bei Winterausrüstung! Besuchen Sie unsere Website und bereiten Sie sich jetzt auf die Saison vor!"

Sie haben sofort die Aufmerksamkeit eines Nutzers auf sich gezogen. Das sollte Ihr Ziel sein.

6 Halten Sie Ihre Facebook-Anzeigentexte organisiert

Es ist oft eine gute Idee, Ihre Texte kurz und einfach zu halten. Dennoch kann es Fälle geben, in denen Sie eine Menge Informationen weitergeben müssen.

Verwenden Sie in diesem Fall kurze Absätze und Aufzählungspunkte, damit Ihr Text übersichtlich bleibt.

Dies ist besonders wichtig, da mobiles Surfen heute beliebter ist als das Surfen auf dem Desktop. Ihr Text sollte auf einem mobilen Gerät leicht zu lesen sein.

Kehren wir zum Beispiel zum Szenario des Winterschlussverkaufs zurück. Sie wollen nicht, dass Ihre Facebook-Texte so aussehen:

"Sparen Sie bis zu 50 % bei Winterausrüstung! Besuchen Sie unsere Website und bereiten Sie sich schon jetzt auf die Saison vor! Sparen Sie bei Skijacken, Stiefeln, Handschuhen, Schneehosen, Wintermützen, Wintersocken und mehr!"

Dieser Text wäre mit Aufzählungspunkten, wie unten dargestellt, leichter zu lesen:

"Sparen Sie bis zu 50 % bei Winterausrüstung! Besuchen Sie unsere Website, um zu sparen:

- *Skijacken!*
- *Stiefel!*
- *Handschuhe!*
- *Schneehose!*
- *Wintermützen!*
- *Wintersocken!*
- *Und vieles mehr!"*

Ist Ihnen aufgefallen, dass die einzelnen Artikel im zweiten Beispiel stärker hervorstechen? Behalten Sie dies im Hinterkopf, wenn Sie Ihre Texte schreiben.
Es ist auch erwähnenswert, dass Sie die Kopie möglicherweise bereinigen können, indem Sie die Vorgehensweise von Best Buy befolgen, wie hier dargestellt:

Dieser Facebook-Werbetext bringt es auf den Punkt. Er beginnt mit wichtigen Informationen, führt direkt zu einem CTA und ermöglicht es den Nutzern, durch eine Auswahl von Artikeln zu blättern, anstatt sie alle im Text selbst aufzulisten.

Dies vereinfacht die Anzeige und gibt den Nutzern die Möglichkeit, direkt mit ihr zu interagieren, anstatt sie passiv zu konsumieren.

Nr. 7 Passend zu Ihrer Markenidentität

Facebook-Anzeigen tragen dazu bei, dass die Nutzer einen Eindruck von Ihrer Marke bekommen. Deshalb muss Ihr Text zu Ihrer Marke passen.

Vielleicht ist Ihre Identität freundlich und enthusiastisch. Die Facebook-Anzeige sollte daher angemessen umgangssprachlich sein.

Andererseits vermarkten Sie vielleicht ein seriöseres Unternehmen, z. B. eine Anwaltskanzlei. In diesem Fall sollten Sie beim Schreiben eine formale Sprache verwenden.

Der Punkt ist, dass es nicht die eine "richtige" Sprache für alle Marken gibt. Sie müssen bestimmen, welche Art von Sprache zu Ihrer passt.

Hier ein Beispiel für eine Anwaltskanzlei:

Es ist zwar verständlich, dass ein Anwalt für seinen Auftritt in einer Fernsehsendung werben möchte, aber die Art und Weise, wie dies hier geschieht, entspricht nicht der Marke, die man von einem solchen Berufsstand erwarten würde.

Die Sprache ist zu locker und der Text enthält grundlegende grammatikalische Fehler.

Dies könnte bei potenziellen Mandanten den Eindruck erwecken, dass die Person, die diese Inhalte verbreitet, nicht die Art von seriöser Organisation betreibt, die sie bei der Beauftragung eines Anwalts suchen würden.

7 Schaffen Sie Dringlichkeit mit Ihrer Kopie von Facebook

Ein Gefühl der Dringlichkeit zu erzeugen, ist eine ausgezeichnete Facebook-Texterstellungstechnik.

Menschen handeln eher, wenn sie wissen, dass sie nur begrenzte Möglichkeiten haben, von bestimmten Angeboten oder Aktionen zu profitieren.

Zum Glück kann es sehr einfach sein, ein Gefühl der Dringlichkeit zu schaffen.

Informiert Ihre Anzeige Kunden über einen laufenden Verkauf? Verwenden Sie Formulierungen wie "Handeln Sie jetzt!" oder "Verkaufen Sie [Datum]!", um zum Handeln aufzufordern.

Oder Sie kündigen ein neues Produkt an, von dem Sie erwarten, dass es sich schnell verkauft. Ihre Anzeige könnte Formulierungen wie "Begrenzter Vorrat" enthalten.

Sie sollten immer nach Möglichkeiten suchen, Ihre Anzeige auf natürliche Weise dringlicher zu machen. Nehmen Sie zum Beispiel dieses Beispiel des beliebten Einzelhändlers Target:

In der Anzeige wird für einen Leerverkauf geworben. Auch wenn es klar ist, wäre es vielleicht effektiver, wenn Ihre Anzeige mit "Nur zwei Tage!" oder einer ähnlichen Formulierung beginnen würde.

Natürlich ist es auch wichtig, die Leistung Ihrer Anzeigen zu überwachen. Wenn Sie diese Tipps befolgen und darauf achten, welche Strategien funktionieren, werden Sie feststellen, dass es viel einfacher ist, Werbetexte zu schreiben, die funktionieren.

Wie man die Buyer Persona studiert, um den Zielkunden direkt anzusprechen

Was ist eine Käuferperson?

Buyer Personas sind Darstellungen Ihrer Kundentypen: Profile, die Ihre idealen Kunden darstellen und ihre verschiedenen Persönlichkeitstypen beschreiben. Ihre Buyer Personas sind die Menschen, die Sie als Kunden haben möchten. Nicht nur Ihre besten langfristigen Kunden, sondern auch die Kunden Ihrer Konkurrenten, die sehr profitabel sind, und potenzielle Kunden, die nicht wissen, dass Ihr Dienst existiert oder für sie wertvoll sein könnte. Sie wollen die Leute kennen, die nicht bei Ihnen gekauft haben, um ein vollständiges Bild zu erhalten.

Es ist üblich, mehrere Buyer Personas für Unternehmen zu haben: diese Arten von Käufern haben unterschiedliche Motivationen. Manche Menschen haben eine Familie und einen Ehepartner, der eine wichtige Rolle bei der Entscheidungsfindung in der Familie spielt. Zu den Unterschieden zwischen Buyer Personas gehören demografische Merkmale, Verhaltensmuster, Motivationen und Ziele der Kunden.
Geben Sie Ihren Hauptkäufergruppen einen "Avatar", eine Figur, die sie und ihre Eigenschaften repräsentiert.

Warum Unternehmen Buyer Personas verwenden sollten

Buyer Persona hilft Unternehmen, die Personen zu definieren, die die von ihnen verkauften Produkte kaufen bzw. kaufen könnten. Es hilft uns, mit den Kunden in Kontakt zu treten und ihren Tagesablauf, ihre Herausforderungen und ihren Entscheidungsprozess zu verstehen. Dann können wir sie besser akquirieren und betreuen. Sie können die Fähigkeit Ihres Produkts, das Problem eines Menschen zu lösen oder die Bedürfnisse eines Kunden zu erfüllen, nicht positionieren, ohne etwas über diese Menschen zu wissen. Ihr Hintergrund, ihre demografischen Daten, Ziele, Herausforderungen und persönlichen Interessen.

Als Unternehmen wollen Sie die wertvollsten Leads und Kunden für Ihr Unternehmen gewinnen, richtig? Wir wollen die Menschen erreichen, die am ehesten zu langfristigen Kunden und Fürsprechern werden. Das Wissen, dass es diese Menschen gibt und dass ihre ähnlichen Merkmale gezielte Marketingmaßnahmen ermöglichen, ist von entscheidender Bedeutung. Sie gibt die Richtung für die Marketingstrategie vor.

Die Menschen kaufen lieber bei Marken und Personen, denen sie vertrauen. Eine Möglichkeit, dieses Vertrauen zu schaffen, besteht darin, zu versuchen, die Menschen und ihre Probleme zu verstehen. Die Erstellung von Buyer Personas und deren kontinuierliche Verwendung zur Steuerung Ihres Entscheidungsprozesses hilft Ihnen, sich auf die Bedürfnisse Ihrer Kunden zu konzentrieren.

Für kleine Unternehmen ist es eine große Hilfe bei der Individualisierung der Erfahrungen.

Nehmen wir ein Beispiel: Sie könnten über eine Website Musikunterricht anbieten. Nach einer Weile werden Sie vielleicht feststellen, dass Ihre Kunden Männer mittleren Alters sind, die Gitarre spielen lernen wollen. Daher sollten Sie Ihre Texte, Blogbeiträge, Videotutorials und andere Inhalte auf diese Personengruppe ausrichten.

Indem wir ähnliche Kunden in Kategorien einteilen, können wir unser Marketing besser auf diese Marktsegmente abstimmen. Sie gibt den Vermarktern die Gewissheit, dass sie wissen, was für ihre Zielgruppe wichtig ist.

"Es ist ein Archetyp, ein zusammengesetztes Bild der realen Menschen, die Produkte wie die, die Sie verkaufen, kaufen oder kaufen könnten".

Verbesserter Marketing-ROI

Einer der Vorteile der Verwendung von Buyer Personas ist, dass Sie eine bessere Rendite für Ihre Investition erhalten. Es hilft Ihnen, bessere Entscheidungen zu treffen, z. B. auf welche Kanäle Sie Ihr Marketing konzentrieren. Ihr Marketing wird auf diese Personen zugeschnitten und Sie können ein spezifischeres Marktsegment ansprechen. Dies führt zu einer besseren Rentabilität der Kosten pro Kunde, da sich Ihre Werbung direkt auf die Personen konzentriert, die am ehesten zu Kunden werden.

Kundenorientiertes Marketing

Mit Hilfe von Buyer Personas können wir die Kaufentscheidung eines Käufers besser verstehen. Wir müssen wissen, mit wem wir es zu tun haben, um auf dessen Bedürfnisse einzugehen und ein Erlebnis zu schaffen, das bei jedem von ihnen ankommt.

Häufig besteht ein Konflikt zwischen rationalen Entscheidungen auf der Grundlage von Bedürfnissen und Preisen und anderen emotionalen Faktoren, die zu Hause, bei der Arbeit oder beim Spielen auftreten können. Wir tun gerne so, als ob alles rational wäre. Mit Hilfe von Buyer Personas können wir einige dieser Faktoren entdecken. Wenn Sie diesen Prozess durchlaufen, können Sie Ihre derzeitigen Kunden viel besser verstehen, und vielleicht stellen Sie fest, dass Ihre profitabelsten Kunden nicht die Art von Menschen sind, die Sie erwartet haben!

Ihre profitabelsten Kunden ansprechen

Beim Inbound-Marketing geht es darum, Inhalte zu erstellen, die die Interaktion zwischen Ihnen und Ihren idealen Kunden über die Kanäle fördern, mit denen sie sich am wohlsten fühlen. Buyer Personas geben unseren idealen Kunden eine menschliche Geschichte und helfen uns dabei, unsere Marketinginhalte auf diese Menschen auszurichten und zu definieren. Der Tonfall, der Stil und die Ausdrucksweise sind speziell darauf ausgerichtet, mit jeder Art von Person optimal zu kommunizieren. Verwenden Sie Zitate aus Ihren Buyer Personas, um sie zum Leben zu erwecken, und überlegen Sie, welche Schlüsselwörter und Phrasen Sie mit jeder Gruppe assoziieren wollen.

Wenn Sie z. B. einen E-Newsletter herausgeben, können Sie fünf verschiedene Varianten erstellen, die für die verschiedenen Personengruppen geeignet sind, anstatt einer einzigen generischen E-Mail für alle. Sie können auch zehn verschiedene Facebook-Anzeigen für ein und dasselbe Produkt veröffentlichen, mit verschiedenen Anzeigenarten, die sich an unterschiedliche Zielgruppen richten. Einige können videobasiert sein, andere text- und bildbasiert.

Andere Verwendungen für Buyer Personas

Der Prozess der Erstellung von Buyer Personas ist wertvoll. Es zwingt Sie dazu, Fragen über Ihr Unternehmen zu stellen, die Sie vorher nicht hatten. Sie werden Dinge bemerken, an die Sie nie gedacht haben. Diese Informationen sind nicht nur für Vermarkter von Bedeutung: Sie können in alles einfließen, vom Schreiben **effektiverer** Texte **bis hin zur Entwicklung besserer Produkte**. Richten Sie diese Informationen in Ihrer gesamten Organisation aus.

Es ist wichtig zu wissen, wie diese Personen Ihre Website nutzen könnten, z. B. indem sie zu "User Personas" für Ihre **Webentwickler** werden. Es ist wichtig, diese Personas in Ihrer Organisation und Ihren Marketingkanälen zu verwenden. Buyer Personas können Ihrem **Vertriebsteam** auch dabei helfen, eine Beziehung zu potenziellen Kunden aufzubauen, indem sie besser verstehen, womit diese zu tun haben, und sich darauf vorbereiten, auf ihre Anliegen einzugehen.

Kundendienstteams können Personas verwenden, um Ihre Kunden besser zu bedienen. Wenn sie ihre Probleme besser verstehen, kann sich Ihr Team in sie hineinversetzen. Sie können Skripte und Dialoge zu allgemeinen Problemen erstellen. Die **Produktentwicklung** kann bei der Erstellung von Produkt-Roadmaps auf Buyer Personas zurückgreifen. Mithilfe von Personas können sie Änderungen an Ihrem Angebot auf der Grundlage der wichtigsten Bedürfnisse Ihrer Kunden ermitteln und priorisieren.

Erstellen Sie Ihre Buyer Personas

Jeder Unternehmer sollte mindestens einen Käufer in seinem Kopf haben: Er weiß, wer seine besten Kunden sind. Wenn in Ihrem Unternehmen jemand für das Marketing zuständig ist, sollten Sie über Daten verfügen, mit denen Sie analysieren können, woher Ihre profitabelsten Kundenkontakte kommen und wer sie sind. Um mehr von diesen Menschen zu finden, muss man sie verstehen. Analysieren Sie Ihre besten Kunden. Inbound-Marketing bedeutet, den Inhalt an die "Käuferperson" anzupassen, die auf natürliche und freiwillige Weise in das Unternehmen gekommen ist. Die "Buyer Persona" spielt eine zentrale Rolle, denn wenn sie nicht richtig identifiziert wird, wird die gesamte Marketingstrategie zum Fiasko.

Käufermotivationen verstehen

Buyer Personas bieten einen Rahmen für das Sortieren und Analysieren von Käufern. Bei der Erstellung dieser Personas sollten Sie deren Verhaltensmuster, Motivationen und Ziele berücksichtigen. Je detaillierter Sie sind, desto besser. Aber nicht so sehr, dass man sich in Details und Eigenschaften verzettelt. Der häufigste Fehler, der von Vermarktern gemacht wird, ist der Versuch, eine Persona für jede Eigenschaft zu erstellen, die ein Kunde jemals hatte. Es geht vielmehr um gemeinsame Ziele: die Suche nach ähnlichen Mustern, gemeinsamen Frustrationen und gemeinsamen Persönlichkeitsmerkmalen.

Einige der Käufermotivationen, die Sie untersuchen können, sind:

Prioritäten: Welches sind die wichtigsten Probleme oder Ziele, für die sie Zeit und Mittel aufwenden? Wie sehen sie die Welt insgesamt? Wenn eines Ihrer Produkte eine ihrer Prioritäten erfüllt, dann ist er einer Ihrer wichtigsten Käufer.

Erfolgsmotive: Welche materiellen oder immateriellen Belohnungen verbinden wir mit Erfolg? Was ist die Motivation für den Konsum? Hier treten oft irrationale Gefühle und Entscheidungen auf. Ich will diesen Sportwagen, weil er mich reich aussehen lässt.

Wahrgenommene Hindernisse: Was verunsichert einen Verbraucher, einer Ihrer Kunden zu werden? Warum sollten sie sich wundern, wenn Sie ihre Lösung anbieten? Ist es etwas hinter den Kulissen - vielleicht will die Frau es nicht zulassen oder andersherum?

Kaufprozess: Wir müssen den Prozess verstehen, den unsere Charaktere von der Recherche und dem Ausloten von Optionen bis zur Auswahl einer Lösung durchlaufen. Wir müssen ihren Prozess in jeder Phase des Kaufs verstehen. Wo recherchieren sie, wie viel recherchieren sie, wer ist der Entscheidungsträger in der Familie? Dann können wir als Unternehmen versuchen, Ressourcen zur Verfügung zu stellen, die uns auf diesem Weg helfen.

Entscheidungskriterien: Was sind die Kriterien für eine Kaufentscheidung? Wer trifft die Entscheidung? Ist der Preis, die Ausstattung oder die Bequemlichkeit ausschlaggebend? Wie werden alternative Marken/Produkte bewertet? Was ist das Wichtigste bei der Entscheidungsfindung? Wir wollen nicht nur die Leute verstehen, die gekauft haben, sondern auch diejenigen, die sich für einen Konkurrenten oder gar nichts entschieden haben.

Demografische Daten und andere persönliche Merkmale

Wenn man lange genug im Marketing tätig ist, beginnt man sich unbewusst Fragen zu stellen. Auch hier ist es wichtig, diese Fragen an Ihre Buyer Personas zu stellen.

Wer: Wie sieht die Biografie Ihres idealen Kunden aus? Wo arbeiten sie und welche Verantwortung und welches Engagement haben sie für die Ziele der Familie.

Was: Beschreiben Sie ihr Konsumziel. Ist sie Teil eines größeren Ziels? Ist es ein vertrautes Ziel?
Wo: Wo treffen sie sich? Jeder Club oder jede Gemeinschaft, in der sie sich befinden, online und offline.

Warum: Die unter "Was" beschriebenen Ziele, warum sind sie wichtig? Was sind die tieferen Beweggründe?

Wann: Wo befinden sie sich im Zyklus des Käufers? Sind sie bereit zu kaufen oder beginnen sie gerade erst mit der Recherche?

Inhalt: Welche Arten von Inhalten konsumieren sie gerne? Videos? eBooks?

Kanäle: Welche sozialen Medien nutzen sie?
Vertrauenswürdige Berührungspunkte: Ermitteln Sie das größte Problem, für das die Verbraucher eine Lösung suchen, und welche Inhalte und Kanäle sie bevorzugen. Sie können sie hier abfangen, um Vertrauen zu schaffen.

Schmerzhafte Berührungspunkte: Identifizieren Sie alle Einwände, die Ihre Buyer Personas entlang ihrer Buyer Journey gegenüber Ihrer Marke haben könnten.

Verwalten Sie Ihre Buyer Personas

Buyer Personas entwickeln sich mit Ihrem Unternehmen und der Welt so schnell weiter, wie es mit der Einführung von Smartphones vor etwa zehn Jahren der Fall war. Ihre Buyer Personas werden nicht ewig relevant bleiben.

Wie viele Buyer Personas brauchen Sie?

Es gibt keine richtige Antwort auf die Frage, wie viele Buyer Personas Sie "brauchen", da dies von Unternehmen zu Unternehmen unterschiedlich sein wird. Wenn Sie in einem Nischenmarkt tätig sind, haben Sie vielleicht 3-5. Wenn Sie eine große Marke mit zahlreichen Produktlinien sind, können es 20 oder mehr sein. Zunächst einmal sollte es klare Unterscheidungsmerkmale zwischen Ihren einzelnen Personas geben.

Wenn ein Käufer zu vage ist, bedeutet das, dass Sie Ihre Zeit vergeuden. Wenn fünf Buyer Personas 90 Prozent Ihres Geschäfts ausmachen, sollten Sie sich auf diese fünf konzentrieren. Wenn Sie nicht in der Lage sind, spezifische Kaufziele, Kaufverhalten und -muster zu identifizieren, lohnt es sich nicht, eine Buyer Persona zu erstellen.

Schlussfolgerungen

Mit fast 2,5 Milliarden monatlich aktiven Nutzern ist Facebook eines der beliebtesten sozialen Netzwerke der Welt. Abschließend gehen wir auf die Vorteile der Werbung mit diesem unglaublichen Instrument ein.

1. Facebook-Werbung ist wirksam

Facebook wurde 2004 als sozialer Netzwerkdienst für Studenten ins Leben gerufen und ist heute ein wichtiger Bestandteil des Lebens der Menschen geworden. In Anbetracht der Zahl der täglich aktiven Nutzer scheint sich dieser Trend in absehbarer Zeit nicht zu ändern. Nach Angaben von Facebook hat das Unternehmen Jahr für Jahr einen kontinuierlichen Anstieg seiner Werbeeinnahmen zu verzeichnen, was ein Beweis für die Funktionalität seiner Anzeigen ist.

2. Facebook bietet erweiterte Targeting-Tools

Einer der Hauptvorteile der Werbung auf Facebook ist die breite Palette an Targeting- und Retargeting-Optionen, mit denen Sie Ihre potenziellen Kunden erreichen können. Facebook ermöglicht es Ihnen, Werbung für eine Zielgruppe zu schalten, die auf Standort, Alter, Verhalten und Interessen basiert. Ihre Werbung wird also denjenigen angezeigt, die Ihr Produkt oder Ihre Dienstleistung kaufen könnten.

3. Facebook-Werbung ist billig

Im Vergleich zum traditionellen Marketing ist Werbung auf Facebook billiger. Sie können Ihr Produkt bei 1.000 Personen für sehr wenig Geld bewerben, wenn die Kampagne gut gemacht ist. Bei herkömmlicher Werbung müssen Sie unter Umständen bis zu 50 EUR zahlen, um Ihr Unternehmen der gleichen Anzahl von Personen zu präsentieren.

4. Facebook-Nutzer sind beteiligt

Das Engagement der Kunden spielt eine wichtige Rolle für den Erfolg eines Online-Unternehmens. Das schafft nicht nur Vertrauen, sondern hält auch das Interesse Ihrer Kunden an Ihrem Produkt oder Ihrer Dienstleistung aufrecht. Bilder und Text allein können jedoch nicht das gewünschte Engagement erzeugen. Wenn ja, gibt es viele andere Möglichkeiten, Ihr Publikum auf Facebook zu erreichen. Sie können zum Beispiel einen Messenger-Bot einsetzen, um Ihre Kommunikation mit Kunden zu verbessern, Live-Videos posten oder Facebook-Gruppen nutzen.

5. Facebook bietet kostenlose Analysen

Facebook bietet Ihnen umfassende Berichte und Analysen über die Leistung Ihrer Werbekampagnen. Die Berichte werden in Echtzeit aktualisiert, so dass Sie sofort sehen können, was funktioniert und was nicht.

Sie können soziale Kennzahlen und Konversionsraten im Anzeigenmanagement einsehen. Sie sehen Zahlen zu Likes, Post-Engagement, wöchentlicher Reichweite, Leistung und mehr. Wenn Sie Zugang zu diesen Daten haben, können Sie Ihre Facebook-Werbeanzeigen problemlos an die jeweiligen Anforderungen anpassen. Facebook bietet Ihnen viel Flexibilität, wenn es darum geht, den Fortschritt Ihrer Anzeigenkampagnen zu überwachen. Da Sie selbst kleine Details verfolgen und messen können, können Sie Ihre Strategien besser planen.

Wenn Sie möchten, können Sie Ihre Facebook-Analyse auch mit einer Reihe von Tools zur Analyse sozialer Medien kombinieren, die Ihnen ein genaues Bild von der Leistung Ihrer Marke auf täglicher Basis vermitteln. Da viele Facebook-Kampagnen dazu dienen, die Markenbekanntheit zu steigern, können diese Analysetools Ihnen helfen, die Auswirkungen Ihrer Anzeigen auf die Sichtbarkeit Ihrer Marke zu überwachen.

6. Facebook bietet wirksame Remarketing-Tools

In den letzten Jahren hat sich Facebook zu einer robusten Marketingmaschine entwickelt, mit der jedes Unternehmen seine Reichweite vergrößern kann. Facebook Remarketing ist eine der besten Möglichkeiten, um Besucher zu erreichen, die Ihre Produkte oder Dienstleistungen in der Vergangenheit gesehen haben und sich noch in der Aufmerksamkeitsphase befinden.

Angenommen, eine Person sieht Ihr Produkt auf Facebook oder auf Ihrer Website. Er/sie sieht sich Ihr Produkt an und geht weiter, ohne einen Kauf zu tätigen, selbst wenn er/sie ein geringes Interesse hatte. Remarketing hilft Ihnen, dieser Person Ihr Produkt in der Zukunft wieder zu zeigen. Vielleicht können Sie ihm dieses Mal einen besseren Preis oder ein interessantes Angebot machen und so die Chancen auf eine Konvertierung dieses Leads erhöhen.

Aus diesem Grund ist Facebook-Remarketing so effektiv:
- Da Facebook eine Freizeitplattform ist, nutzen die Menschen es auch in ihrer Freizeit. Das bedeutet, dass Sie Ihr Produkt erneut vermarkten können, wenn es vollständig verfügbar ist.

- Sie können Facebook Pixel in Ihre Website integrieren, um eine bestimmte Zielgruppe zu erreichen. Sie können Ihre Anzeigen zum Beispiel Personen zeigen, die Ihre Website über einen bestimmten Zeitraum besucht haben.

7. Facebook bietet maßgeschneiderte Aufforderungen zum Handeln

Ein weiterer großer Vorteil der Facebook-Werbung sind die maßgeschneiderten Call-to-Actions (CTAs), mit denen Sie Ihre Konversionsraten verbessern können. Mit einer Call-to-Action-Schaltfläche können Sie Ihrem potenziellen Kunden ausdrückliche Anweisungen geben, was genau er tun soll, z. B. sich für ein Abonnement anmelden, ein Video ansehen oder eine App nutzen.

Facebook bietet derzeit die folgenden CTAs an:

- Jetzt buchen
- Kontakt
- Spielen
- Registrieren Sie sich
- Herunterladen
- Mehr lesen
- Verwenden Sie die App
- Ein Video ansehen

Jetzt ist es an der Zeit, mit Facebook-Anzeigen zu handeln: Lassen Sie diese unglaubliche Gelegenheit nicht an sich vorüberziehen.

CPSIA information can be obtained
at www.ICGtesting.com
Printed in the USA
BVHW030331200722
642495BV00010B/886